Gerhard Eichelmann

Deutschlands große Weine

Inhalt

Einführung — 2

- Inhaltsverzeichnis — 3
- Vorwort — 4
- Methodik/Auswahl — 5

Weinregionen & Weine — 9

- Ahr — 9
- Baden — 16
- Franken — 49
- Mosel — 76
- Nahe — 108
- Pfalz — 119
- Rheingau — 140
- Rheinhessen — 160
- Württemberg — 189

Impressum — 208

Einführung · Vorwort

Vorwort

Seit einem Vierteljahrhundert verkosten wir deutsche Weine für den nach mir benannten Weinführer, mehr als eine Viertel-Million Weinbewertungen sind in diesem Zeitraum zusammengekommen. Die Topweine werden zunächst in regionalen, dann in bundesweiten Schlussverkostungen nebeneinander verdeckt verkostet, den Teilnehmern an der Verkostung ist bekannt welcher Weintyp bzw. welche Rebsorte an dem betreffenden Tag zur Verkostung ansteht, dazu der Jahrgang oder die Jahrgänge. Diese Verkostungen bilden die Grundlage für die Auswahl der Weine als "Deutschlands große Weine".

In den letzten beiden Jahrzehnten hat deutscher Wein einen dramatischen Qualitätsschub erlebt. Waren es vor einem Vierteljahrhundert vor allem edelsüße Weine, die qualitativ die deutsche Spitze bildeten, so gibt es heute eine ganz starke Phalanx an trockenen Weinen, die den besten edelsüßen Paroli bieten können. Und trocken ist derzeit gefragt, vor allem innerhalb Deutschlands, deutsche edelsüße Weine sind vor allem im Ausland weiterhin beliebt und begehrt.

Die in dieser Ausgabe vorgestellten deutschen Weine sind diejenigen, die im Durchschnitt der letzten zehn Jahrgängen die höchsten Bewertungen erhalten haben, völlig unabhängig vom Renommee oder Preis eines Weines, auch die erzeugte Menge spielt keine Rolle. Weine, von denen es noch keine zehn Jahrgänge gibt, wurden nicht berücksichtigt, ebensowenig Weine, die nur sporadisch und nicht regelmäßig erzeugt werden. Dies betrifft vor allem edelsüße Selektionen wie Trockenbeerenauslesen, die heute nur noch von ganz wenigen Weingüter regelmäßig oder gar jährlich erzeugt werden; Eisweine, früher mitunter die faszinierendsten deutschen Weine, finden sich deshalb überhaupt nicht in dieser Auswahl, auch wenn sie weiterhin noch – eher sporadisch – erzeugt werden.

Bei jedem präsentierten Wein wird beschrieben wo er gewachsen ist, also aus welcher Lage er stammt, wie er vinifiziert wird und seit wann es ihn gibt oder ob die Weinbezeichnung sich im Laufe der letzten zweieinhalb Jahrzehnte geändert hat.

Gerhard Eichelmann

EINFÜHRUNG ⇨ METHODIK/AUSWAHL

Methodik/Auswahl

Was ist ein Großer Wein? Wir haben uns entschlossen, große Weine schlicht über Qualität zu definieren, und nicht über Renommee, Preis oder die historische Bedeutung eines Weines. Und die Qualität definieren wir über die Bewertungen, die ein Wein in den Finalverkostungen erhält, die wir seit einem Vierteljahrhundert durchführen und die immer verdeckte Verkostungen (Blindverkostungen) sind.
In diesem Vierteljahrhundert gab es gewaltige Veränderungen beim deutschen Wein, und diese Veränderungen gehen weiter, neue Weine entstehen, die oft schon in ihren ersten Jahrgängen faszinierend sind und dies dann (vermutlich) auch in den nachfolgenden Jahrgängen. Nun ist nicht jeder Start-up-Wein gleich ein großer Wein, nur weil er mit viel Marketing-Aufwand als vorgeblich großer Wein platziert wird.

Kriterien

Wir legen für die Auswahl zwei Kriterien zugrunde:

- Ein großer Wein ist ein Wein, der regelmäßig hervorragende Qualität bietet und das seit mindestens zehn Jahrgängen.
- Ein großer Wein wird nicht nur sporadisch erzeugt, sondern in den meisten Jahrgängen.

Die Anforderung von mindesten zehn Jahrgängen schließt eine Vielzahl von Weinen aus, die es noch keine zehn Jahre gibt. Zehn Jahre heißt aber auch, dass ein Wein auch nach zehn (und viel mehr) Jahren noch groß sein muss und Bestform zeigt. Die heute neu lancierten neuen "Superweine" haben diesen Nachweis, zwangsläufig, noch nicht erbracht.
Aber die Festlegung „großer Wein" ist nicht in Stein gemauert, neue Weine

werden hinzukommen, und andere werden das hohe Qualitätsniveau nicht halten; auch der Klimawandel führt zu Veränderungen. Flexibilität ist notwendig, nicht „Historisierung", das Renommee eines Weines oder der Preis eines Weines spielen keine Rolle, es geht ausschließlich um Qualität.

Die Anforderung, dass ein großer Wein nicht nur sporadisch erzeugt wird, haben wir so definiert, dass er in 7 von 10 Jahren erzeugt wird. Das schließt beispielsweise einige edelsüße Weine wie Beerenauslesen oder Trockenbeerenauslesen aus, die in vielen Lagen nicht regelmäßig erzeugt werden können; auch Eisweine spielen praktisch keine Rolle (mehr).

Keine Beschränkung haben wir für die Menge der erzeugten Weine vorgesehen. Von einigen der Weine in diesem Buch werden nur wenige hundert Flaschen erzeugt, sie sind damit, zumindest international, „nicht sichtbar".

So wir diese in Kleinstmengen erzeugten Weine verkosten und sie die Auswahlkriterien erfüllen, stellen wir sie hier vor. Das gilt auch für Versteigerungsweine, so wir sie regelmäßig verkosten. Und das gilt selbstverständlich auch für Weine von Erzeugern, die nicht an den Blindverkostungen für unseren Weinführer teilnehmen, so sich die Gelegenheit zur Verkostung bietet, so dass etwa 95 Prozent, aber nicht alle hier präsentierten Weine, sich über die jährlichen Finalverkostungen „qualifiziert" haben. Und diese Finalverkostungen sind, wie eingangs erwähnt, selbstverständlich Blindverkostungen.

Große Weine, Ikonenweine

Die Weine, die die zuvor genannten Auswahlkriterien erfüllt haben, wurden noch einmal in zwei Gruppen unterschieden nach den durchschnittlichen Bewertungen, die sie in den letzten zehn Jahrgängen erhalten haben, Weine, die in den letzten zehn Jahrgängen, und oft weit darüberhinaus, besonders hoch und auch konstant hoch bewertet wurden, man könnte sie deshalb als Ikonenweine bezeichnen, sind in der Darstellung hervorgehoben, in dem ihre Etiketten **gold** hinterlegt sind, bei allen weiteren Weinen sind die Etiketten **silber** hinterlegt. Die für Ikonenweine festgelegten Anforderungen erfüllen 37 Prozent der vorgestellten Weine.

Ergebnisse

Riesling

Deutschland steht für Riesling, international noch mehr als national, und so wundert es nicht, dass mehr als die Hälfte der hier vorgestellten Weine Rieslinge sind. Wobei 70 Prozent der vorgestellten Rieslinge trocken ausgebaut sind. Hätte man diese Analyse vor zehn Jahren vorgenommen. Wäre das Ergebnis völlig anders ausgefallen. Damals hätten insgesamt, und das gilt nicht nur für Riesling, nur ein Drittel so viel Weine wie heute die Kriterien erfüllt, und beim Riesling wären dies deutlich mehr edelsüße als trockene Rieslinge gewesen.

Weine aus neun deutschen Anbaugebieten haben die Auswahlkriterien erfüllt, und in fünf dieser Anbaugebiete stellt Riesling die Mehrzahl der Weine. An der Nahe haben ausschließlich Rieslinge die Kriterien erfüllt, im Rheingau und an der Mosel sind es fast ausschließlich Rieslinge und auch in den Regionen Pfalz und Rheinhessen stellt Riesling die meisten Weine.

In den Regionen Franken und Württemberg stellt Riesling jeweils die zweitmeisten Weine, und jeweils hinter einer regionalen Spezialität: In Franken nach Silvaner, in Württemberg nach Lemberger (Blaufränkisch). Und in den anderen beiden Regionen ist Riesling überhaupt nicht vertreten, hier dominiert Spätburgunder: An der Ahr haben ausschließlich Spätburgunder die Auswahlkriterien erfüllt, in Baden sind fast zwei Drittel der ausgewählten Weine Spätburgunder.

Spätburgunder (Pinot Noir)

Spätburgunder stellt etwa ein Viertel der Weine und, mit Ausnahme der Nahe, sind alle vertretenen Weinregionen auch mit Spätburgunder am Start. Baden dominiert mit zwanzig Weinen, es folgen die Ahr und die Pfalz mit jeweils sechs Spätburgundern, dann Franken und Rheinhessen, gefolgt von Württemberg, aber auch zwei klassische Riesling-Regionen sind mit zwei (Mosel) respektive einem Wein (Rheingau) vertreten. Mehr als die Hälfte der präsentierten Spätburgunder sind "Ikonenweine".

Silvaner

Silvaner hat eine Renaissance erfahren in den letzten beiden Jahrzehnten, und es sind heute trockene Silvaner, die dominieren, auch wenn zwei edelsüße

Weine die Auswahlkriterien erfüllt haben. Alle stammen aus Franken, einer Region, die sich heute über diese Rebsorte profiliert, auch wenn die internationale Anerkennung immer noch zu wünschen übrig lässt.

Chardonnay

Überraschen mag auch die Vielzahl an Chardonnay, die bereits die Auswahlkriterien erfüllt haben, denen bei vielen Weingütern gibt es Chardonnay noch nicht sehr lange im Anbau, so dass einige Topweine am 10-Jahres-Kriterium gescheitert sind. Führend ist Baden, das auch einen kleinen zeitlichen Vorsprung gegenüber den anderen Anbaugebieten besitzt, gefolgt von Rheinhessen sowie jeweils einem Wein aus Franken und aus Württemberg.

Weißburgunder (Pinot Blanc)

Weißburgunder erfreut sich derzeit großer Beliebtheit und ist im Einstiegsbereich und im mittleren Segment stark begehrt, steht allerdings in der Spitze unter starkem Druck, da einige Betriebe auf Chardonnay setzen und Weißburgunder aus ihrem Top-Segment eliminiert haben. Zu Unrecht, wie die vorgestellten Weine beweisen, die aus Baden stammen, aus Franken und aus der Pfalz, aber auch aus Rheinhessen und aus Württemberg, und die eine große Varianz hinsichtlich Stilistik und Vinifikation aufweisen.

Lemberger (Blaufränkisch)

Eine Württemberger Spezialität ist der Lemberger, der wie Weißburgunder neun Weine stellt, wovon acht aus Württemberg stammen, einer von der Badischen Bergstraße. Lemberger profitiert stark vom Klimawandel – und von den Skills der deutschen Winzer, die Lemberger heute in einer stilistischen Vielfalt erzeugen, wie dies vor zwanzig Jahren noch undenkbar schien.

Grauburgunder (Pinot Gris)

Grauburgunder legt in vielen deutschen Anbaugebieten weiter im Anbau zu, in der Spitze aber ist Grauburgunder weiterhin fast ausschließlich eine badische Domäne, und es ist vor allem der Kaiserstuhl, der nach wie vor dominiert.

Ahr

Die Ahr ist ein junges Anbaugebiet. Natürlich hat das Tal eine lange Weinbaugeschichte, aber alles, was für Weininteressierte wichtig ist, passierte in den letzten drei, vier Jahrzehnten. Werner Näkel war der Erste, der das Potenzial der Region nutzte, um eigenständige, große deutsche Spätburgunder zu produzieren. In den achtziger Jahren war dies, damals, als eigentlich niemand an der Ahr trockene Weine erzeugt hat und der Ausbau im Barrique unbekannt war. Heute ist Barriqueausbau bei den Spitzenweinen die Regel, großer Pinot Noir braucht Barrique. Lange Zeit hat man die Spitzenweine viel zu früh abgefüllt, auch das hat sich geändert. Eine weitere entscheidende Veränderung betrifft die Rebsorten. Vor 30 Jahren gab es jeweils gut 20 Prozent Riesling, Portugieser und Spätburgunder, dazu Müller-Thurgau und Frühburgunder. Heute dominieren die roten Rebsorten, besser gesagt: Eine rote Rebsorte, der Spätburgunder. Und abhängig vom leichten Rückgang der roten Rebsorten: Spätburgunder hat in den letzten Jahren weiter zugelegt und nimmt nun 65 Prozent der Weinberge der Ahr ein; hinzu kommen 6 Prozent Frühburgunder (Pinot Noir Précoce). Die Böden an der Ahr sind recht vielfältig, im westlichen, oberen Teil des Weinbaugebiets findet man steinhaltige Böden, die teilweise von Schiefer, Sandstein (Grauwacke) und vulkanischem Gestein geprägt sind, die Weinberge sind meist steiler als weiter flussabwärts, ein Teil der Weinberge ist in Terrassen angelegt. Im östlichen, unteren Teil des Weinbaugebietes findet man tiefgründige, lössreiche Böden, Schieferlehm, Lösslehm, aber auch Grauwacke und etwas Basalt. In Flussnähe findet man auch Schwemmlandböden mit sandig-kiesigem Lehm.

Als eines der kleinsten deutschen Weinanbaugebiete hat die Ahr es geschafft, sich bundesweit und auch im Ausland einen Namen zu machen, und auch touristisch hat sich das Ahrtal entwickelt von einem Billig-Tourismus hin zu Genuss- und Weintourismus.

Die verheerende Flutkatastrophe im Sommer 2021 hat auch viele Weingüter zerstört, Häuser und Keller, Ausrüstung und Maschinen, manchem Weingut ist ein kompletter Jahrgang verlorengegangen, auch die Weinberge wurden teils in Mitleidenschaft gezogen. Spätburgunder dominiert ganz klar, kein Wunder also, dass sich unter den großen Weinen der Ahr ausschließlich Spätburgunder befinden – und misst man die Anzahl der großen Weine an der Anbaufläche der Region, so gibt es an der Ahr mehr Topweine als in allen anderen deutschen Weinbaugebieten.

GEMEINDE ☞ AHRWEILER

Rosenthal
Spätburgunder „GG"
Weingut Jean Stodden

Die Lage Rosenthal liegt gegenüber der Altstadt von Ahrweiler. Der 45 Prozent steile Hang ist süd- bis südost-exponiert, der Boden besteht aus Grauwacke und sandigem Lösslehm, die Reben wachsen in 130 bis 160 Meter Höhe. Die Herkunft des Namens ist ungewiss, könnte auf einen Bewuchs mit Wildrosen in früherer Zeit hinweisen. Alexander Stodden besitzt in seiner Paradelage Herrenberg wurzelechte Reben, die teilweise vor 1940 gepflanzt wurden; mit massalen Selektionen von diesen Reben sind die Stodden'schen Weinberge im Rosenthal bepflanzt.
Als Großes Gewächs gab es den Spätburgunder Rosenthal erstmals 2004, aber schon seit dem Jahrgang 2000 wurde eine Selektion "JS" aus der Lage erzeugt. Der Wein wird etwa 19 Tage mazeriert, dann etwa 18 Monate in Barriques aus französischer Eiche ausgebaut. Er zeichnet sich durch eine feine Duftigkeit aus, besitzt etwas florale Noten im Bouquet, im Mund ist er wie alle Stodden-Weine geprägt von Präzision, Kraft und Frische, er ist druckvoll und nachhaltig.

GEMEINDE 🍾 DERNAU

Pfarrwingert
Spätburgunder „GG"
Weingut Meyer-Näkel

Der Pfarrwingert liegt unmittelbar nordöstlich von Dernau, im unteren Teil des die Gemeinde umgebenden Halbkessels. Ist überwiegend süd- bis südwest-exponiert. Der Name leitet sich von der katholischen Pfarrkirche Dernau ab, die auch heute noch Weinberge in der Lage besitzt. Die vorherrschende Grauwacke ergibt zusammen mit Tonschieferfragmenten und Lehmanteilen eine sandsteinähnliche Struktur. Die windgeschützte Lage mit ihren leicht erwärmbaren Böden erbringt Weine mit ausgeprägter Reife und viel Frucht und Intensität.

Bis 2003 als Spätburgunder Auslese trocken bezeichnet, trägt der Spitzenwein aus dem Pfarrwingert seit 2004 die Bezeichnung Großes Gewächs. Der Wein stammt von alten Reben, wird spontanvergoren, etwa zwanzig Tage mazeriert, dann achtzehn Monate in zu etwa 70 Prozent neuen Barriques ausgebaut und unfiltriert abgefüllt. Der Näkel'sche Pfarrwingert ist intensiv fruchtig und komplex, enorm konzentriert und druckvoll, stoffig, lang und nachhaltig – und von beeindruckender Konstanz.

GEMEINDE ⌁ RECH

Herrenberg
Spätburgunder „GG"
Weingut Jean Stodden

Der Herrenberg in Rech liegt unterhalb der Felspartie des Schwedenkopfes und ist in seinem Kernstück ein steiler Südhang, die Reben wachsen auf 130 bis 230 Höhenmetern. Rech gehörte einst den Herren der gegenüberliegenden Saffenburg – daher der Name. Der Boden besteht aus vulkanischem Gestein, Schiefer und Grauwacke; der Schieferanteil im Herrenberg ist etwas höher als in den Lagen weiter flussabwärts. Der nicht flurbereinigte Herrenberg ist teilweise in Terrassen angelegt.

Früher wurde in den besten Jahren eine trockene Spätburgunder Auslese aus dem Herrenberg erzeugt, seit 2004 gibt es einen Spätburgunder Großes Gewächs. Der Wein wird etwa drei Wochen mazeriert und dann für 19 Monate im Barrique ausgebaut, er wird nicht filtriert. Der Herrenberg-Spätburgunder ist ausgeprägt würzig, er vereint Kraft mit Präzision, ist mineralisch und nachhaltig, er ist wie alle Stodden-Lagenweine auf Haltbarkeit vinifiziert, wobei mit den Jahren die jung oft ganz leicht floral geprägte Frucht in den Hintergrund tritt, die mineralischen Noten noch ausgeprägter hervortreten.

GEMEINDE 🍾 RECH

"Alte Reben"
Spätburgunder
Weingut Jean Stodden

Der Spätburgunder Alte Reben trägt zwar keinen Lagennamen auf dem Etikett, aber er stammt aus dem Recher Herrenberg, aus dem Alexander Stodden auch einen Spätburgunder Großes Gewächs erzeugt (weshalb er den Lagennamen nicht für einen weiteren Spätburgunder verwendet). Alexander Stodden besitzt im Herrenberg wurzelechte Spätburgunder-Reben, die teilweise vor 1940, teilweise in den fünfziger Jahren gepflanzt wurden; vom Material dieser Reben werden heute neue Reben gezogen. Diese alten Reben neigen dazu bei der Blüte zu verrieseln, weshalb die Erträge sehr niedrig sind. Im Jahrgang 2000 gab es erstmals einen Spätburgunder Alte Reben (damals noch mit dem Lagennamen), seit 2004 wurde er jedes Jahr erzeugt (der Jahrgang 2020 viel der Flutkatastrophe zum Opfer). Der Spätburgunder Alte Reben wird etwa 18 Tage mazeriert und dann für 16 Monate im Barrique ausgebaut, er wird nicht filtriert. Der Spätburgunder Alte Reben ist sehr präzise und druckvoll, reintönig und nachhaltig, wirkt oft ein wenig fragiler als das Große Gewächs, manchmal bei ein wenig floralen Noten.

GEMEINDE 🍷 WALPORZHEIM

Gärkammer
Spätburgunder „GG"
Weingut J.J. Adeneuer

Die Gärkammer ist eine 0,68 Hektar große Lage in Walporzheim mit dunklen Grauwacke- und Schieferverwitterungsböden, die seit 1713 im Besitz der Familie Adeneuer ist. Die süd- bis südost-exponierte Gärkammer ist von drei Seiten vom Kräuterberg umgeben und ausschließlich mit Spätburgunder bepflanzt, darunter bis zu 100 Jahre alte wurzelechte Reben. Die Gärkammer ist eine terrassierte, steile Lage in 110 bis 180 Meter; der Name rührt daher, dass vor allem im Sommer sehr hohe Temperaturen vorherrschen, der Boden die Wärme speichert.

Der Spitzenwein aus der Gärkammer wird achtzehn Monate im Barrique ausgebaut. Er kam früher mit der Bezeichnung "Auslese trocken" in den Verkauf, bevor die vom VDP eingeführte Bezeichnung Großes Gewächs verwendet wurde, die ersten Jahre noch parallel, seit 2005 ist die Prädikatsbezeichnung ganz verschwunden. Waren früher die Weine von reifer süßer Frucht geprägt und einer Neigung zur Opulenz, zeigen sie sich in den letzten Jahren deutlich frischer und druckvoller.

GEMEINDE 🍾 WALPORZHEIM

Kräuterberg
Spätburgunder „GG"
Weingut Meyer-Näkel

Der süd- bis südost-exponierte Kräuterberg liegt unmittelbar nordöstlich von Walporzheim. Angeblich geht der Name auf die Römer zurück, die an diesem Hang nicht nur Wein sondern auch mediterrane Kräuter angebaut haben sollen. Der Boden besteht aus steinigem, feinsandigen Lehm mit Schiefer- und Grauwacke-Verwitterungsgestein. Im überwiegend terrassierten Kräuterberg werden fast ausschließlich Spätburgunder und Frühburgunder angebaut.

Der Kräuterberg ist seit jeher zusammen mit dem Dernauer Pfarrwingert die Paradelage von Meyer-Näkel. Früher wurde der Kräuterberg-Spitzen-Spätburgunder als Auslese trocken angeboten, seit 2004 trägt er die Bezeichnung Großes Gewächs. Der Wein stammt von alten Reben, wird spontanvergoren, etwa zwanzig Tage mazeriert, dann achtzehn Monate in zu etwa 70 Prozent neuen Barriques ausgebaut und unfiltriert abgefüllt. Der Wein weist immer ausgeprägte Kräuternoten im Bouquet auf, ist konzentriert und fruchtintensiv, manchmal pfeffrig, lang, druckvoll und nachhaltig.

Baden

Mit knapp 16.000 Hektar Weinbergen ist Baden der Fläche nach das drittgrößte deutsche Anbaugebiet. Keine andere deutsche Weinbauregion ist aber so heterogen wie Baden: Schließlich liegen ja auch 400 Kilometer zwischen Tauberfranken im Norden und dem Bodensee oder dem Markgräflerland im Süden.

Die Region Baden ist in insgesamt neun Bereiche eingeteilt, die sich sowohl hinsichtlich der angebauten Rebsorten, als auch hinsichtlich der Böden und der erzeugten Weine deutlich voneinander unterscheiden.

Wichtigste Rebsorte in Baden ist der Spätburgunder, der ein knappes Drittel der Fläche einnimmt. Danach folgen Grauburgunder, Müller-Thurgau und Weißburgunder, Riesling hat weiter an Boden verloren folgt hinter Gutedel an sechster Stelle in der Statistik.

Zwanzig Spätburgunder haben die Kriterien für dieses Buch erfüllt, Baden ist die führende deutsche Anbauregion für Spätburgunder. An zweiter Stelle folgen Weine aus einer Rebsorte, die in der badischen Statistik nicht unter den ersten sechs zu finden ist, aber derzeit stark zulegt: Chardonnay. Baden ist auch das bisher einzige deutsche Anbaugebiet, in dem der regionale VDP-Verband die Rebsorte für Große Gewächse zugelassen hat, neben Spätburgunder, Grauburgunder, Weißburgunder und Riesling. Es folgen Weißburgunder und Grauburgunder sowie ein Blaufränkisch, denn im Norden von Baden wird wie im benachbarten Württemberg recht viel Blaufränkisch angebaut, und sogar der VDP trägt dem Rechnung und hat für Kraichgau und Badische Bergstraße die Rebsorte für Große Gewächse zugelasssen.

Die Hälfte der Spätburgunder stammt vom Kaiserstuhl, es folgen Breisgau und Markgräflerland und auch Tauberfranken und Badische Bergstraße sind je einmal vertreten.

Beim Chardonnay stellt der Kaiserstuhl die Hälfte der Weine, zwei kommen aus dem Breisgau, einer aus dem Markgräflerland. Aus dem Breisgau stammt einer der Weißburgunder, die anderen beiden kommen vom Kaiserstuhl, und die beiden Grauburgunder schließlich stammen beide vom Kaiserstuhl.

Auch wenn der Bereich Kaiserstuhl klar dominiert: So eindeutig wie früher ist die Dominanz nicht mehr, der Breisgau ist immer spannender geworden und derzeit tut sich im südlichsten badischen Anbaugebiet, im Markgräflerland, besonders viel.

GEMEINDE ACHKARREN

Schlossberg
Grauburgunder „GG"
Weingut Michel

BADEN

Der bis zu 60 Prozent steile überwiegend süd-, aber auch südwest- und südost-exponierte Hang über dem Ort Achkarren ist nach einem im 13. Jahrhundert errichteten Schloss benannt, von dem nur noch Mauerreste übrig sind. Der sehr steinhaltige Boden besteht aus einer Kombination aus dunklem Vulkanverwitterungsgestein (Tephrit) mit hoher Wärmespeicherfähigkeit und Kalk, schafft zusammen mit der Kessellage ein einzigartiges Mikroklima. Der Achkarrer Schlossberg gehört zu den höhergelegenen Lagen am Kaiserstuhl, die Reben wachsen bis in eine Höhe von 344 Meter.
Der Top-Grauburgunder von Josef Michel wurde lange Zeit mit drei Sternen versehen, seit dem Jahrgang 2017 und der Aufnahme in den VDP wird er als Großes Gewächs bezeichnet. Nach dem Keltern wird der Most durch Gravitation geklärt und anschließend spontanvergoren in Barriques aus französischer Eiche, in denen er zehn Monate auf der Vollhefe bleibt. Der früher überwiegend im großen Holzfass ausgebaute Schlossberg-Grauburgunder ist seit jeher ein exemplarischer, wunderschön sortentypischer Wein.

GEMEINDE 🍾 ACHKARREN

Schlossberg
Grauburgunder „GG"
Weingut Franz Keller

Der bis zu 60 Prozent steile überwiegend süd-, aber auch südwest- und südost-exponierte Hang über dem Ort Achkarren ist nach einem im 13. Jahrhundert errichteten Schloss benannt, von dem nur noch Mauerreste übrig sind. Der sehr steinhaltige Boden besteht aus einer Kombination aus dunklem Vulkanverwitterungsgestein (Tephrit) mit hoher Wärmespeicherfähigkeit und Kalk, schafft zusammen mit der Kessellage ein einzigartiges Mikroklima. Der Achkarrer Schlossberg gehört zu den höhergelegenen Lagen am Kaiserstuhl, die Reben wachsen bis in eine Höhe von 344 Meter.
Der Schlossberg-Grauburgunder des Weinguts Keller stammt aus alter Grauburgunder-Genetik, die per sélection massale vermehrt wurden. Der Wein wird zwölf Monate im großen Holzfass, dann weitere sechs Monate im Edelstahl auf der Vollhefe ausgebaut. Bis 2013 waren die Spitzen-Grauburgunder des Weingutes Lagencuvées und wurden als Selection „S" und Selection „A" bezeichnet. 2013 erhielt der „A" erstmals den Zusatz Schlossberg, seit 2014 firmiert er als Großes Gewächs.

GEMEINDE ACHKARREN

Schlossberg
Spätburgunder „GG"
Weingut Dr. Heger

Der bis zu 60 Prozent steile überwiegend süd-, aber auch südwest- und südost-exponierte Hang über dem Ort Achkarren ist nach einem im 13. Jahrhundert errichteten Schloss benannt, von dem nur noch Mauerreste übrig sind. Der sehr steinhaltige Boden besteht aus einer Kombination aus dunklem Vulkanverwitterungsgestein (Tephrit) mit hoher Wärmespeicherfähigkeit und Kalk, schafft zusammen mit der Kessellage ein einzigartiges Mikroklima. Der Achkarrer Schlossberg gehört zu den höhergelegenen Lagen am Kaiserstuhl, die Reben wachsen bis in eine Höhe von 344 Meter

Joachim Hegers Spätburgunder vom Achkarrer Schlossberg wir nach mehrtätiger Kaltmazeration in offenen Holzcuves maischevergoren, knapp vier Wochen insgesamt, anschließend wird er fünfzehn bis achtzehn Monate in Barriques aus französischer Eiche ausgebaut, etwa 40 Prozent der Fässer sind neu. Der Heger'sche Schlossberg-Spätburgunder zeigt viel Frucht im Bouquet, Kirschen, Johannisbeeren, feine Würze und rauchige Noten, ist frisch, druckvoll, komplex und nachhaltig.

GEMEINDE ACHKARREN

BADEN

Schlossberg
Spätburgunder „GG"
Weingut Franz Keller

Der bis zu 60 Prozent steile überwiegend süd-, aber auch südwest- und südost-exponierte Hang über dem Ort Achkarren ist nach einem im 13. Jahrhundert errichteten Schloss benannt, von dem nur noch Mauerreste übrig sind. Der sehr steinhaltige Boden besteht aus einer Kombination aus dunklem Vulkanverwitterungsgestein (Tephrit) mit hoher Wärmespeicherfähigkeit und Kalk, schafft zusammen mit der Kessellage ein einzigartiges Mikroklima. Der Achkarrer Schlossberg gehört zu den höhergelegenen Lagen am Kaiserstuhl, die Reben wachsen bis in eine Höhe von 344 Meter

Der Spätburgunder Großes Gewächs vom Schlossberg stammt von 20 bis 30 Jahre alten Reben, die durch sélection massale vermehrt wurden. Der Wein wird achtzehn Monate in französischen Barriques ausgebaut, 35 Prozent der Fässer sind neu. Bis 2011 waren die Spitzen-Spätburgunder des Weingutes Lagencuvées und wurden als Selection „S" und Selection „A" bezeichnet. 2013 gab es erstmals einen „A" mit dem Zusatz Schlossberg, seit 2015 firmiert er als Großes Gewächs.

GEMEINDE 🍷 ACHKARREN

Schlossberg
Spätburgunder „GG"
Weingut Michel

BADEN

Der Schlossberg ist ein bis zu 60 Prozent steiler überwiegend süd-, aber auch südwest- und südost-exponierte Hang über dem Ort Achkarren. Der sehr steinhaltige Boden besteht aus einer Kombination aus dunklem Vulkanverwitterungsgestein (Tephrit) mit hoher Wärmespeicherfähigkeit und Kalk, schafft zusammen mit der Kessellage ein einzigartiges Mikroklima. Der Spitzen-Spätburgunder von Josef Michel stammt heute ausschließlich von französischen Klonen, die zwischen 1993 und 2010 gepflanzt wurden, die jüngeren alle als selection massale, die ersten waren Klon 777.
Der Spitzen-Pinot von Josef Michel trug bis zum Jahrgang 2017 den Zusatz „R", seit 2018, mit der Aufnahme in den VDP, wird er als Großes Gewächs bezeichnet. Die Maischegärung erfolgt in offenen Edelstahltanks und dauert zwanzig Tage, dann kommt der Wein für ein Jahr in zu einem Drittel neue und zwei Drittel zweitbelegten Barriques bevor er noch einige Monate in Edelstahltanks reift und unfiltriert abgefüllt wird. Er besitzt faszinierende Frucht, viel Spannung und Druck, Jahr für Jahr.

GEMEINDE — BÖTZINGEN

BADEN

(Biegarten)
Spätburgunder „Rotkehlchen"
Biologisches Weingut Höfflin

Die Lage Biegarten liegt am nördlichen Ortsrand von Bötzingen, unmittelbar westlich der Straße, die nach Eichstetten führt. Sie wurde 1971 ein Teil der großen Einzellage Eckberg. Der Boden besteht aus Löss mit Lehmanteilen, die Lage ist süd- bis südost-exponiert. Alle Weinberge von Matthias Höfflin werden biologisch und biodynamisch bewirtschaftet. Da Matthias Höfflin alle Weine seit einigen Jahren als badischer Landwein vermarktet, darf er den Lagennamen nicht nutzen, er trägt den Namen Rotkehlchen – weil es Rotkehlchen im Biegarten gibt.

Matthias Höfflin besitzt in der Lage Anfang der achtziger Jahre gepflanzte Spätburgunderreben. Der Wein wird mit den natürlichen Hefen vergoren, zwei Jahre in französischen Barriques ausgebaut, er kommt frühestens im dritten Jahr nach der Ernte in den Verkauf. Der seit dem Jahrgang 2017 Rotkehlchen genannte Biegarten-Spätburgunder weist meist sehr moderate Alkoholwerte auf, ist in seiner Jugend meist sehr verschlossen, braucht Zeit, besitzt aber faszinierend reintönige Frucht, gute Struktur und Grip, ist auf Haltbarkeit vinifiziert.

GEMEINDE 🍾 BOMBACH

Sommerhalde
Spätburgunder „GG"
Weingut Bernhard Huber

BADEN

Bombach, erstmals 1144 urkundlich erwähnt, liegt in der Vorbergzone des Schwarzwalds, am Dorfbach, einige Kilometer südöstlich von Kenzingen, dessen Ortsteil es seit 1971 ist. Mit dem Weingesetz 1971 wurden alle Bombacher Weinberge zur Lage Sommerhalde zusammengefasst. Die wichtigste Teil der Bombacher Reben wächst nordöstlich von Bombach an einem flurbereinigten, bis zu 30 Prozent steilen süd-südwest-exponierten Hang in 220 bis 300 Meter Höhe, der Boden besteht aus Muschelkalk und Löss. Sommerhalde war der erste Lagennamen, der auf dem Etikett eines Spitzen-Spätburgunders von Bernhard Huber erschien, mit dem Jahrgang 2003, die weitere Lagen-Differenzierung erfolgte mit dem Jahrgang 2004; den Sommerhalde-Pinot gab es seit 2003 in jedem Jahrgang. Der Wein war von jeher relativ füllig und fruchtintensiv, vom Ausbau im Holz geprägt, ist unter der Regie von Julian Huber etwas schlanker und präziser geworden, ohne an Druck und Nachhall einzubüßen, der Neuholzanteil wurde deutlich zurückgefahren, liegt heute bei etwa 20 Prozent.

GEMEINDE 🍷 BURKHEIM

Haslen
Grauburgunder „GG"
Weingut Bercher

Die Gewanne Haslen liegt nordöstlich von Burkheim, ist seit 1971 Teil der neugeschaffenen Einzellage Burkheimer Feuerberg. Die bis zu 50 Prozent steile Gewanne ist süd- bis südwest-exponiert, der Boden besteht aus Vulkanit. Auf Betreiben des Burkheimer Weinguts Bercher, das in der Lage Große Gewächse von Weißburgunder und Grauburgunder erzeugt, wurde Haslen wieder als kleinere geographische Einheit in die Lagenrolle eingetragen.

Der Spitzen-Grauburgunder von Arne und Martin Bercher kommt seit jeher aus der Gewanne Haslen, erhielt anfangs den Zusatz „SE" und die Prädikatsbezeichnung, Spätlese oder Auslese, wurde dann als Grauburgunder Großes Gewächs Burkheimer Feuerberg bezeichnet, seit dem Jahrgang 2013 mit dem Zusatz Haslen. Der Wein wird neun Monate in französischen Barriques ausgebaut, der Neuholzanteil wurde in den letzten Jahren deutlich reduziert. Der Haslen-Grauburgunder ist faszinierend reintönig und in den letzten Jahren stetig präziser und frischer geworden, trotz heißer Jahrgänge.

GEMEINDE 🍾 BURKHEIM

Kesselberg
Spätburgunder „GG"
Weingut Bercher

Der Kesselberg, in alten Karten noch als Käsleberg ausgewiesen, liegt östlich von Burkheim, an der Gemarkungsgrenze zu Bischoffingen, er liegt in 200 bis 240 Meter Höhe, besitzt eine Steigung von bis zu 45 Prozent. Seit 1971 ist er ein Teil der Lage Burkheimer Feuerberg. Der Boden besteht aus dunklem Vulkanverwitterungsgestein mit Lössauflage und hohem Mineralgehalt, aufgrund dieses vulkanischen Ursprungs erhielt dieser Teil der Burkheimer Weinberge den Namen Feuerberg.

Der Spitzen-Spätburgunder von Arne und Martin Bercher kommt seit jeher aus derselben Parzelle im Feuerberg, erhielt anfangs den Zusatz „SE" und die Prädikatsbezeichnung, Spätlese oder Auslese, wurde dann als Spätburgunder Großes Gewächs Feuerberg bezeichnet, seit 2013 mit dem Zusatz Kesselberg. Der Kesselberg wird nach zweiwöchiger Maischegärung achtzehn Monate im Barrique ausgebaut. Der Wein ist in den letzten Jahrgängen, seit dem heißen Jahrgang 2018, deutlich schlanker und präziser, moderat im Alkohol, besitzt viel Druck, Grip und Nachhall.

GEMEINDE 🍾 BURKHEIM

BADEN

Chardonnay -SE-
Weingut Bercher

Der Chardonnay SE ist der einzige der Spitzenweine von Arne und Martin Bercher der nicht aus einer Einzellage stammt, sondern eine Lagencuvée ist. Er stammt jeweils etwa zu gleichen Teilen aus dem Burkheimer Feuerberg, wo die Reben auf Vulkanverwitterungsböden wachsen, und aus dem Bickensohler Steinfelsen, der deutlich höher liegt, wodurch die Trauben mehr Säure besitzen; im Steinfelsen wachsen die Reben auf Löss. Die Trauben werden zusammen gelesen und verarbeitet.

Schon seit den frühen neunziger Jahren baut das Weingut Bercher Chardonnay an, der im Barrique ausgebaute Spitzenwein wurde von Anfang an als Chardonnay „SE" bezeichnet, bis zum Jahrgang 2012 trug er meist auch die Prädikatsbezeichnung Spätlese. Der Wein wird spontanvergoren und zu jeweils einem Drittel in neuen, zweit- und drittbelegten Barriques ausgebaut. Anfangs kam er im Jahr nach der Ernte auf den Markt, seit dem Jahrgang 2019 erhält er nach der Abfüllung etwas mehr Flaschenreife und kommt erst im zweiten Jahr nach der Ernte in den Verkauf.

GEMEINDE 🍷 DOTTINGEN

Castellberg
Chardonnay „GC"
Weingut Martin Waßmer

BADEN

Der Dottinger Castellberg hat seinen Namen von einem römischen Kastell, dessen Reste heute noch zu sehen sind; bereits in vorgeschichtlicher Zeit gab es eine Siedlung auf dem Kastellberg. Die Weinberge sind teils in Terrassen angelegt und von Trockenmauern und Steintreppen durchzogen, sie sind süd- bis südost-exponiert. Die Reben wachsen in einer Höhe bis 408 Meter. Der Boden im Castellberg ist sehr kalkhaltig, besteht aus Kalkmergel, Kalkverwitterung und teils auch aus Konglomeratgestein.
Zunächst hatte Martin Waßmer nur einen Pinot Noir „GC" als Spitzenwein eingeführt, erst seit dem Jahrgang 2009, als er begann Einzellagenweine zu erzeugen, gibt es den Chardonnay „GC" aus dem Castellberg. Der Wein wird spontanvergoren und im Tonneau ausgebaut. Der Chardonnay Castellberg „GC", der einzige Lagen-Chardonnay von Martin Waßmer, war in den ersten Jahrgängen sehr vom Holz geprägt. In den jüngsten Jahrgängen setzt er, bei ein klein wenig moderaterem Alkohol, verstärkt auf Frische und Präzision, er ist druckvoll, komplex, lang und nachhaltig.

GEMEINDE ◦→ DOTTINGEN

Castellberg
Pinot Noir „GC"
Weingut Martin Waßmer

Der Dottinger Castellberg hat seinen Namen von einem römischen Kastell, dessen Reste heute noch zu sehen sind; bereits in vorgeschichtlicher Zeit gab es eine Siedlung auf dem Kastellberg. Die Weinberge sind teils in Terrassen angelegt und von Trockenmauern und Steintreppen durchzogen, sie sind süd- bis südost-exponiert. Die Reben wachsen in einer Höhe bis 408 Meter. Der Boden im Castellberg ist sehr kalkhaltig, besteht aus Kalkmergel, Kalkverwitterung und teils auch aus Konglomeratgestein.

2003 hatte Martin Waßmer einen Pinot Noir „GC" als neuen Spitzenwein eingeführt, der aber bis 2008 keinen Lagennamen trug. Seit dem Jahrgang 2009 gibt es einen Pinot Noir „GC" aus dem Castellberg und parallel dazu einen Pinot Noir „GC" aus dem Maltesergarten. Der Wein wird spontanvergoren und achtzehn Monate im Barrique ausgebaut. Der Pinot Noir Castellberg „GC" ist faszinierend fruchtbetont und intensiv, besitzt viel Kraft und Struktur, viel Druck und Intensität, besitzt bei aller Substanz aber auch herrlich viel Frische und Nachhall.

GEMEINDE 🍾 HECKLINGEN

Schlossberg
Chardonnay „GG"
Weingut Bernhard Huber

Hecklingen, erstmals 1147 urkundlich erwähnt, liegt im nördlichen Breisgau. Mit dem Weingesetz 1971 wurden alle Hecklinger Weinberge zur Lage Schlossberg zusammengefasst. Die Reben wachsen an zwei langgestreckten Hängen. Der eine liegt unmittelbar nördlich von Hecklingen, ist in seinem westlichen Teil, dem eigentlichen Schlossberg bei der Burg Lichteneck, süd-exponiert. Der zweite langgestreckte Hang liegt südöstlich von Hecklingen, ist in seinem westlichen, steileren Teil süd- bis südwest-exponiert. Der Boden ist skelettreich und verwittert, besteht aus weißem, teils leicht gelblichem Muschelkalk. Der Chardonnay aus dem Hecklinger Schlossberg wurde erstmals 2005 erzeugt, zuvor gab es einen Reserve-Chardonnay als Spitzenwein, und auch der Schlossberg-Wein wurde bis 2014 als Reserve bezeichnet, bevor in Baden Chardonnay für Große Gewächse zugelassen wurde. Der Schlossberg-Chardonnay war in den ersten Jahren sehr vom Barriqueausbau geprägt, wies deutliche Toastnoten auf, heute ist er frischer, präziser und schlanker und von Reduktionsnoten geprägt.

GEMEINDE 🍷 HECKLINGEN

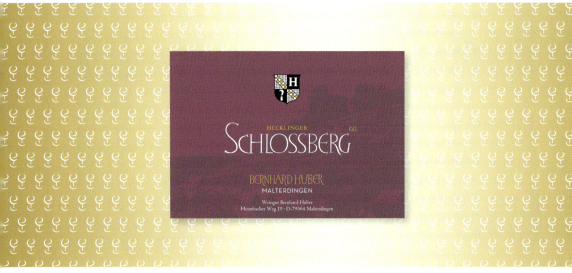

BADEN

Schlossberg
Spätburgunder „GG"
Weingut Bernhard Huber

Hecklingen, erstmals 1147 urkundlich erwähnt, liegt im nördlichen Breisgau. Mit dem Weingesetz 1971 wurden alle Hecklinger Weinberge zur Lage Schlossberg zusammengefasst. Die Reben wachsen an zwei langgestreckten Hängen. Der eine liegt unmittelbar nördlich von Hecklingen, ist in seinem westlichen Teil, dem eigentlichen Schlossberg bei der Burg Lichteneck, süd-exponiert. Der zweite langgestreckte Hang liegt südöstlich von Hecklingen, ist in seinem westlichen, steileren Teil süd- bis südwest-exponiert. Der Boden ist skelettreich und verwittert, besteht aus weißem, teils leicht gelblichem Muschelkalk. 2004 wurde der Spätburgunder aus dem Hecklinger Schlossberg erstmals gesondert ausgebaut, bis dahin gab es den ohne Lagenbezeichnung vermarkteten Spätburgunder R als Spitzenwein, den „Alte Reben" als Zweitwein. Seit 2004 wurde der Wein jedes Jahr gesondert ausgebaut, die letzten Jahrgänge setzen ganz auf Präzision und Frische, unter der Regie von Julian Huber wurde der Neuholzanteil reduziert auf etwa 20 Prozent, der Schlossberg-Spätburgunder weist auch in warmen Jahrgängen recht viel Säure auf.

GEMEINDE 🍷 IHRINGEN

„Gras im Ofen®" Hinter Winklen Chardonnay „GG"
Weingut Dr. Heger

BADEN

Unter dem Namen Winklerberg wurden 1971 die westlichsten Lagen in Ihringen zusammengefasst, der Winklerberg ist die südwestlichste Lage am Kaiserstuhl. Hinter Winklen ist die Gewanne ganz im Nordwesten des Ihringer Gemeindegebietes, an der Gemarkungsgrenze zu Achkarren. Die Reben wachsen in 220 bis 260 Meter Höhe, Hinter Winklen ist die kühlste Gewanne des gesamten Ihringer Winklerbergs, ist west- bis südwest-exponiert. Der Boden besteht aus dunklem Vulkanit und Löss, die Lage hat eine Steigung von 30 Prozent.

Lange Zeit gab es nur einen Barrique-Chardonnay bei Joachim Heger mit der Lagenbezeichnung Ihringer Winklerberg, seit 2012 gibt es den als „Gras im Ofen" bezeichneten Wein, der seit 2014 zusätzlich den Namen der Gewanne Hinter Winklen trägt. Der Chardonnay Gras im Ofen wird in französischen Barriques vergoren und ausgebaut und kommt im zweiten Jahr nach der Ernte in den Verkauf. Der Wein orientiert sich deutlich an Burgund, zeigt rauchige Noten, etwas Toast, ist komplex, auf Haltbarkeit vinifiziert.

„Häusleboden®" Winklerberg Spätburgunder „GG"
Weingut Dr. Heger

Die Wanne, eine südwest-exponierte Terrassenlage liegt im westlichen Teil des Winklerbergs, dessen Teil sie 1971 wurde. Der Boden ist von Basaltverwitterungsgestein geprägt, einem wärmespeichernden Vulkangestein. Mitten in der Lage steht das Rebhäuschen des Weinguts Dr. Heger, das für die betriebsinterne Bezeichnung Häusleboden verantwortlich ist. Die Rebflächen in der Lage Wanne wurden Anfang des 19. Jahrhunderts in einem ehemaligen Dolorit-Steinbruch angelegt. Das Weingut Dr. Heger baut in der Lage ausschließlich Spätburgunder an.

Der Häusleboden wird nach mehrtägiger Kaltmazeration mit einem Ganztraubenanteil von etwa 20 Prozent in offenen Holzcuves vergoren, anschließend in französischen Barriques ausgebaut, wobei der Neuholzanteil in den letzten Jahren reduziert wurde und bei etwa 40 Prozent liegt. 2008 wurde der Häusleboden erstmals gesondert ausgebaut, seither gab es ihn jedes Jahr, seit 2013 trägt er zusätzlich den Namen der Gewanne; trotz der heißen Lage ist der Häusleboden frisch und fruchtbetont, komplex und nachhaltig.

GEMEINDE 🍾 LAHR

Gottsacker
Chardonnay „GG"
Weingut Wöhrle

BADEN

Die Lage Gottsacker ging 1971 im Lahrer Kronenbühl auf, wurde 2020 wieder als kleine geographische Einheit in die Weinbergsrolle eingetragen. Sie liegt auf einem kleinen Plateau südwestlich vom Schutterlindenberg, ist südwest-exponiert. Die Reben wachsen auf tiefgründigen, kalkhaltigen Lössboden, die Lage hat eine Steigung von 10 bis 20 Prozent, die Reben wachsen in 180 bis 200 Meter Höhe. Die Weinberge werden schon seit langem biologisch bewirtschaftet, zertifiziert.

Der Chardonnay von Markus Wöhrle wird nach etwas Maischestandzeit und langer Pressdauer in Eichenholzfässern vinifiziert; er wird spontanvergoren und lange auf der Hefe ausgebaut. Schon seit den neunziger Jahren erzeugt das Weingut einen barriqueausgebauten Chardonnay Lahrer Kronenbühl; 2012 wurde er erstmals als Großes Gewächs „Vum Gottsacker" bezeichnet. Seit dem Jahrgang 2021 kommt der Wein erst im zweiten Jahr nach der Ernte in den Verkauf. Der Gottsacker-Chardonnay ist im Bouquet leicht rauchig, deutlich vom Ausbau im Holz geprägt, im Mund kraftvoll, strukturiert – und reift sehr gut.

GEMEINDE 🍾 LAHR

BADEN

Herrentisch
Weißburgunder „GG"
Weingut Wöhrle

Der Herrentisch liegt am Schutterlindenberg im oberen Teil des Hanges. Die teilweise terrassierten Weinberge weisen eine Hangneigung von bis zu 20 Prozent auf. Sie sind west- bis südost-exponiert, die Reben wachsen auf fruchtbaren Lösslehmböden in 235 bis 291 Meter Höhe. Die Weinberge werden schon seit langem biologisch bewirtschaftet, zertifiziert. Der Herrentisch wurde 1971 ein Teil der Einzellage Lahrer Kronenbühl, ist aber inzwischen wieder als Einzellage in die Lagenrolle eingetragen.
Der Herrentisch-Weißburgunder wird mit den natürlichen Hefen vergoren und etwa neun Monate lang im Halbstückfass ausgebaut. Er wurde erstmals 2005 als Großes Gewächs Lahrer Kronenbühl erzeugt, seit dem Jahrgang 2009 trägt er die Lagenbezeichnung Herrentisch. Seit dem Jahrgang 2022 kommt er erst im zweiten Jahr nach der Ernte in den Verkauf. Der Herrentisch-Weißburgunder ist in den letzten Jahrgängen etwas präziser geworden und weist mehr Frische auf, der Alkoholgehalt wurde ein klein wenig reduziert – gut reifen aber kann er schon immer.

GEMEINDE 🍷 LAHR

Kirchgasse
Spätburgunder „GG"
Weingut Wöhrle

BADEN

Die Lage Kirchgasse liegt auf der Südseite des Schutterlindenberges, im unteren Teil des Hanges. Die Lage ist süd-exponiert, die Reben wachsen in 229 bis 274 Meter Höhe auf hufeisenförmigen Terrassen und fruchtbaren Lössböden mit Kalkstein im Untergrund, die Lage besitzt eine Neigung von 30 bis 60 Prozent. Die Kirchgasse, der eigentliche Gewannname ist Auf dem Berg an der Kirchgasse, wurde 1971 ein Teil der Einzellage Lahrer Kronenbühl, ist aber inzwischen wieder als Einzellage in die Lagenrolle eingetragen. Die Weinberge werden schon seit langem biologisch bewirtschaftet, zertifiziert. Der Kirchgasse-Spätburgunder des Weinguts Wöhrle stammt von alten Reben; er wird im offenen Gärbehälter vergoren, dann im Barrique ausgebaut. Er wurde erstmals 2007 als Großes Gewächs Lahrer Kronenbühl erzeugt, seit 2008 trägt er den Lagennamen Kirchgasse. Der Kirchgasse-Spätburgunder zeigt sich in den letzten Jahren deutlich expressiver, weist florale Noten auf, manchmal dezenten Toast, Veilchen und Preiselbeeren, ist heute deutlich präziser und zupackender, besitzt gute Struktur und Grip.

GEMEINDE 🍾 LAUFEN

„Klosterwingerte" Weingarten
Pinot Noir „GG"
Privat-Weingut Schlumberger-Bernhart

Die Lage Weingarten (lokal „Wingerte" genannt) galt seit jeher als eine der besten Lagen in Laufen. Weingarten liegt nordöstlich von Laufen und ist süd-exponiert, die Reben wachsen auf Kalkmergel in 300 bis 340 Meter Höhe. Die Höhe zusammen mit dem Kalkmergel im Boden sorgt für ein etwas spätere Reife der Trauben. 1971 wurde die Lage Weingarten Teil der Lage Laufener Altenberg; die Lage wurde aber 2019 wieder als kleinere geografische Einheit in die Lagenrolle eingetragen.

Der Wein wird zwölf Monate in französischen Barriques ausgebaut, etwa 40 Prozent der Fässer sind neu. Der beste Spätburgunder des Weingutes wurde schon seit Ende der neunziger Jahre mit dem Zusatz R versehen, mit dem Jahrgang 1999 wurde der Name Spätburgunder durch Pinot Noir ersetzt. Seit der Aufnahme des Weingutes in den VDP wurde R durch Großes Gewächs ersetzt und die Lage Altenberg auf dem Etikett angeführt, mit 2009 wurde „Wingerte" ergänzt, 2017 wurde aus Altenberg Weingarten und seit dem Jahrgang 2020 wird der Wein als „Klosterwingerte" Laufener Weingarten bezeichnet.

GEMEINDE 🍾 LEIMEN

Oberklam
Blauer Spätburgunder „RR" „GG"
Weingut Seeger

BADEN

Die Gewanne Ober Klam liegt unmittelbar nordöstlich von Leimen, im unteren Teil des Hanges, wurde 1971 Teil der Einzellage Leimener Herrenberg. Ober Klam wurde 2020 als kleinere geografische Einheit wieder in die Lagenrolle eingetragen. Der Boden in der Lage besteht aus Lösslehm über Muschelkalk. Thomas Seeger aus Leimen erzeugt in der sehr kalkhaltigen Lage Große Gewächse von Weißer Burgunder, Grauer Burgunder, Riesling und Spätburgunder.

„Oberklam", anfangs „Oberklamm" geschrieben, war 2010 die erste Gewann-Bezeichnung, die auf einem der Top-Spätburgunder des Weinguts Seeger erschien, vorher wurden sie nach interner Einstufung mit ein bis drei „R" gekennzeichnet; der Oberklam-Spätburgunder wird als Großes Gewächs bezeichnet mit dem Zusatz „RR". Der Most wird mit den natürlichen Hefen vergoren und in komplett neuen französischen Barriques ausgebaut. Der Oberklam-Spätburgunder ist ein kraftvoller, auf Haltbarkeit vinifizierter Pinot mit feiner Frucht, gute Struktur und Substanz.

GEMEINDE 🍷 LEIMEN

Spermen
Blaufränkisch „GG" „R"
Weingut Seeger

Die Einzellage Leimener Herrenberg liegt nordöstlich von Leimen, teils westlich, teils östlich des Leimener Steinbruchs. Die Gewanne Spermen ist seit 1971 ein Teil der Einzellage Leimener Herrenberg, sie liegt unmittelbar nordöstlich der Stadt Leimen, im unteren Teil des Hanges, südlich der Lage Ober Klam, der Boden besteht aus sandigem Löss über Muschelkalk. Die Lage Spermen wurde 2020 als kleinere geografische Einheit in die Lagenrolle eingetragen.

Das Leimener Weingut Seeger erzeugt sowohl einen Blaufränkisch Großes Gewächs Spermen als auch einen Spätburgunder Großes Gewächs Spermen. Der Spitzen-Blaufränkisch von Thomas Seeger trug seit jeher die Zusatzbezeichnung „R"; bis 2010 wurde er als Lemberger bezeichnet, seit 2011 als Blaufränkisch, seit dem Jahrgang 2013 wird er als Großes Gewächs bezeichnet, und seither trägt er auch den Namen der Gewanne Spermen. Der Wein ist deutlich vom Ausbau im Barrique geprägt, aber das Holz ist gut integriert dank enormer Konzentration und intensiver Frucht.

GEMEINDE 🍾 MALTERDINGEN

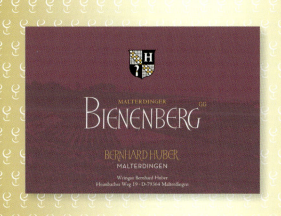

Bienenberg
Spätburgunder „GG"
Weingut Bernhard Huber

Malterdingen, erstmals 1098 urkundlich erwähnt, liegt im nördlichen Breisgau. Weinbau spielte seit jeher eine wichtige Rolle, Zisterziensermönche betrieben ein Hofgut im Ort. Alle Malterdinger Weinberge wurden 1971 zur Lage Bienenberg zusammengefasst. Die Reben wachsen an mehreren, räumlich getrennten Hängen. Der größte reicht von nordwestlich von Malterdingen (dem eigentlichen Bienenberg) bis nordöstlich des Dorfes. Ein zweiter größerer Hang zieht sich unmittelbar östlich des Ortes bis hin zum Vögelisberg. Die Reben wachsen auf gelb-rötlichem Muschelkalkverwitterungsböden.

Der Spätburgunder vom Bienenberg wurde erstmals 2004 als Einzellagen-Spätburgunder ausgebaut, zuvor gab es Spätburgunder R und Spätburgunder Alte Reben als rote Topweine bei Bernhard Huber; seither wurde er jedes Jahr erzeugt. Das Große Gewächs steht etwas im Schatten des Wildenstein, der ja ebenfalls aus dem Malterdinger Bienenberg stammt – zu unrecht. Er ist jünger etwas präsenter und zugänglicher, kann aber wie alle Spätburgunder von Julian Huber hervorragend reifen.

GEMEINDE ⌁ MALTERDINGEN

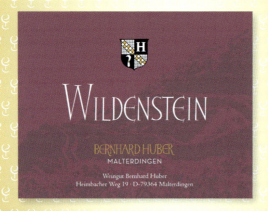

BADEN

Wildenstein
Spätburgunder „GG"
Weingut Bernhard Huber

Malterdingen, erstmals 1098 urkundlich erwähnt, liegt im nördlichen Breisgau. Weinbau spielte seit jeher eine wichtige Rolle, Zisterziensermönche betrieben ein Hofgut im Ort. Alle Malterdinger Weinberge wurden 1971 zur Lage Bienenberg zusammengefasst. Die Reben wachsen an mehreren, räumlich getrennten Hängen. Einer der beiden größeren Hänge zieht sich unmittelbar östlich des Ortes bis hin zum Vögelisberg, im östlichen Teil dieses Hanges, im oberen Teil, befindet sich die Gewanne Willistein. Die Reben wachsen auf gelb-rötlichem Muschelkalkverwitterungsboden.

Der Wildenstein genannte Spätburgunder aus dem Willistein wurde erstmals 2004 gesondert ausgebaut, zuvor gab es Spätburgunder R und Spätburgunder Alte Reben als rote Topweine bei Bernhard Huber; seither wurde er jedes Jahr erzeugt. Er gilt in der gutsinternen Hierarchie als der Top-Spätburgunder des Weingutes, ist wie alle Spitzenweine unter der Regie Julian Hubers noch etwas feiner und präziser geworden, besitzt feine Säure und faszinierende Frucht, der Neuholzanteil wurde weiter reduziert.

GEMEINDE ⌯ OBERROTWEIL

Eichberg
Spätburgunder „GG"
Weingut Franz Keller

BADEN

Der Eichberg liegt unmittelbar nordwestlich von Oberrotweil in 230 bis 310 Meter Höhe. Er ist überwiegend südexponiert, teilweise südwest- und südost-exponiert, der dunkle, schwarze vulkanische Boden besteht aus Löss, Vulkanit, Trphrit, Phonolith und Tephrit, der Eichberg gehört zu den wärmsten Lagen am Kaiserstuhl. Der Weinberg des Weingutes Keller befindet sich im unteren Teil der Lage, wurde 1994 ausschließlich mit burgundischen Pinot-Klonen bestockt, die Reben wachsen auf Tephrit.

Das Weingut Keller hat lange Zeit keine Lagenbezeichnungen für seine Spitzenweine verwendet, der beste Spätburgunder wurde als Spätburgunder „A" bezeichnet. Im Jahrgang 2011 gab es dann erstmals neben dem Spätburgunder „A" einen Spätburgunder „A" mit dem Zusatz Eichberg. Dieser wurde seither jedes Jahr erzeugt, seit 2015, mit der Aufnahme des Weinguts in den VDP, wird er als Großes Gewächs Eichberg bezeichnet. Der Wein wird achtzehn Monate in zu 45 Prozent neuen französischen Barriques ausgebaut, er ist fruchtbetont, präzise, komplex und nachhaltig.

GEMEINDE ☞ OBERROTWEIL

Eichberg
Spätburgunder „GG"
Weingut Salwey

Der Eichberg liegt unmittelbar nordwestlich von Oberrotweil in 230 bis 310 Meter Höhe. Er ist überwiegend südexponiert, teilweise südwest- und südost-exponiert, der dunkle, schwarze vulkanische Boden besteht aus Löss, Vulkanit, Trphrit, Phonolith und Tephrit, der Eichberg gehört zu den wärmsten Lagen am Kaiserstuhl. Der Salwey-Spätburgunder im Eichberg besteht teils aus Kaiserstühler Klonen, teils aus klein- und mischbeerigen sélection massale-Klonen.

Die Trauben werden sortiert und entrappt, teilweise wird auch mit Ganztraubenpressung gearbeitet, sie werden mit natürlichen Hefen für etwa vierzehn Tage offen auf der Maische vergoren. Nach dem Keltern wird er in zu einem Drittel neuen Barriques aus Kaiserstühler Eiche ausgebaut, die von Tonneliers in Burgund gefertigt werden; er wird unfiltriert abgefüllt. Der Salwey-Eichberg-Spätburgunder wurde früher als Spätlese trocken bezeichnet, dann erhielt er den Zusatz „R", seit 2007 wird er als Großes Gewächs bezeichnet; er hat in den letzten Jahren deutlich an Präzision und Druck gewonnen.

GEMEINDE 🍾 OBERROTWEIL

Henkenberg
Spätburgunder „GG"
Weingut Salwey

BADEN

Der eigentliche Henkenberg liegt westlich von Oberrotweil; 1971 wurden neben dem Henkenberg weitere benachbarte Lagen der erweiterten Einzellage Henkenberg zugeschlagen, aber auch Weinberge südlich von Oberrotweil bei Niederrotweil. Der Name rührt vom ehemaligen Galgen her, der auf dem Berg stand. Der Boden besteht aus skelettreichem Vulkanverwitterungsgestein, im Untergrund durchzogen von Kalkadern. Vom VDP ist der westlich von Oberrotweil gelegene Teil mit dem eigentlichen Henkenberg und Lagen wie Wittel oder Abern als Große Lage klassifiziert.

Die Trauben werden mit einem Anteil von Rappen vergoren, offen auf der Maische, mit den natürlichen Hefen. Nach dem Keltern wird der Wein in Barriques aus Kaiserstühler Eiche ausgebaut, die in Frankreich gefertigt werden; er wird nicht filtriert. Henkenberg-Spätburgunder gab es schon immer beim Weingut Salwey, das erste Große Gewächs aus dem Henkenberg wurde 2010 erzeugt. Der Wein steht immer ein wenig im Schatten von Kirchberg und Eichberg, ist wie diese aber druckvoll, präzise und nachhaltig.

GEMEINDE 🍾 OBERROTWEIL

Kirchberg
Weißburgunder „GG"
Weingut Salwey

Der Kirchberg liegt südwestlich von Oberrotweil besteht aus hartem, kargen Vulkanfelsen, den man Tephrit nennt, an manchen Stellen findet man schwarze Granate, Melanite genannt. Er liegt in 220 bis 260 Meter Höhe und ist süd- bis südwest-exponiert; kühle Westwinde sorgen für eine schnelle Abtrocknung und gesunde Trauben. Der Weißburgunder Großes Gewächs stammt von einem kleinbeerigen Weißburgunder-Klon, die Reben wurden 1979 gepflanzt.

Der Wein wird langsam und schonend gepresst, mit den natürlichen Hefen vergoren, durchläuft den biologischen Säureabbau, er wird zwei Jahre in Holzfässern aus Kaiserstühler Eiche ausgebaut und ohne Filtration abgefüllt. Früher wurde der Kirchberg-Weißburgunder als Spätlese trocken bezeichnet und mit drei Sternen versehen, die die Top-Weine des Weingutes kennzeichneten. Seit Konrad Salwey das Weingut übernommen hat ist der Weißburgunder aus dem Kirchberg präziser und druckvoller geworden, wie alle Kirchberg-Weine ist er recht langlebig.

GEMEINDE ⌘ OBERROTWEIL

Kirchberg
Chardonnay „GG"
Weingut Franz Keller

BADEN

Der Kirchberg liegt südwestlich von Oberrotweil besteht aus hartem, kargen Vulkanfelsen, den man Tephrit nennt, an manchen Stellen findet man schwarze Granate, Melanite genannt. Er liegt in 220 bis 260 Meter Höhe und ist süd- bis südwest-exponiert; kühle Westwinde sorgen für eine schnelle Abtrocknung und gesunde Trauben. Der Chardonnay des Weingutes Franz Keller wächst in einer südwest-exponierten Parzelle mit hellem, kalkhaltigem Boden (Phonolith, kalkhaltiger vulkanischer Schotter), die in den neunziger Jahren mit Reben mit einer Genetik aus Burgund bepflanzt wurde.
Das Weingut Keller hat lange Zeit keine Lagenbezeichnungen für seine Spitzenweine verwendet, der beste Chardonnay wurde als Chardonnay „A" bezeichnet. Im Jahrgang 2012 wurde der Wein dann als Chardonnay „A" Kirchberg bezeichnet, seit 2014, nach der Aufnahme des Weinguts in den VDP, wird er als Chardonnay Großes Gewächs Kirchberg bezeichnet. Der Wein wird auf der Vollhefe zwölf Monate in zu 35 Prozent neuen 350 Liter-Fässern ausgebaut und reift sechs weitere Monate im Edelstahl.

GEMEINDE ⌇ OBERROTWEIL

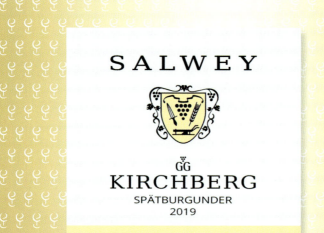

Kirchberg
Spätburgunder „GG"
Weingut Salwey

Der Kirchberg liegt südwestlich von Oberrotweil besteht aus hartem, kargen Vulkanfelsen, den man Tephrit nennt, an manchen Stellen findet man schwarze Granate, Melanite genannt. Er liegt in 220 bis 260 Meter Höhe und ist süd- bis südwest-exponiert; kühle Westwinde sorgen für eine schnelle Abtrocknung und gesunde Trauben. Konrad Salwey ist größter Anteilseigner im Kirchberg, die ältesten Spätburgunderreben wurden in den siebziger Jahren gepflanzt.

Der Kirchberg-Spätburgunder enthält immer einen Rappenanteil, wird offen auf der Maische vergoren, mit den natürlichen Hefen, er wird in Barriques aus Kaiserstühler Eiche ausgebaut, die von Tonneliers in Frankreich hergestellt werden und in denen der Wein mindestens zwölf Monate bleibt. Der Spätburgunder vom Kirchberg ist seit jeher das Aushängeschild des Weinguts Salwey, und dass der Rappenanteil schon immer wichtig war, sieht man daran, dass es ihn zeitweise in zwei Versionen (mit und ohne Rappen gab). Der Wein ist faszinierend komplex, lebhaft, besitzt viel Frische und Druck.

GEMEINDE 🖋 REICHOLZHEIM

Oberer First
Spätburgunder „GG"
Weingut Konrad Schlör

BADEN

Reicholzheim liegt im badischen Teil des Taubertals, ist ein Stadtteil von Wertheim. Alle Weinberge wurden 1971 zur Lage First zusammengefasst. Die Weinberge am eigentlichen First bestehen aus den beiden Gewannen Oberer First und Unterer First, die Lage ist süd- bis südwest-exponiert, die Reben wachsen im Oberen First in 280 bis 319 Meter Höhe. Der Boden besteht aus Unterem Muschelkalk mit hohem Steinanteil und Wellenkalk, man findet Versteinerungen mit damaligen maritimen Lebewesen, umgangssprachlich als „Steinmuscheln" bezeichnet. Die Lage wurde erstmals 1476 als „Fyerst" urkundlich erwähnt. Der Spitzen-Spätburgunder von Konrad Schlör kam schon immer aus dem Oberen First, wurde 2007 eingeführt und bis 2009 als Pinot Noir First bezeichnet, seit 2010 dann als Großes Gewächs First bzw. Fyerst (2012), seit 2013 trägt er den Gewannnamen Oberer First. Der Spätburgunder Oberer First wird achtzehn Monate in neuen und gebrauchten Barriques ausgebaut. Obwohl er gerade in warmen Jahren relativ hohe Alkoholwerte aufweist, ist der Wein immer faszinierend frisch und lebendig, druckvoll und nachhaltig.

GEMEINDE ⌇ SCHLATT

Maltesergarten
Pinot Noir „GC"
Weingut Martin Waßmer

Schlatt, erstmals 1130 urkundlich erwähnt, liegt südwestlich von Freiburg im Markgräflerland, ist seit 1973 ein Stadtteil von Bad Krozingen. Schon seit dem 13. Jahrhundert ist Weinbau in Schlatt nachgewiesen, und Wein ist neben Spargel und Erdbeeren auch heute noch von großer Bedeutung. Die Reben wachsen in der Lage Schlatter Maltesergarten in 214 bis 257 Meter Höhe, der Boden ist im Untergrund stark kalkhaltig, mit Löss- und Lösslehmauflage im Oberboden.

2003 hatte Martin Waßmer einen Pinot Noir „GC" als neuen Spitzenwein eingeführt, der aber bis 2008 keinen Lagennamen trug. Seit dem Jahrgang 2009 gibt es einen Pinot Noir „GC" aus dem Maltesergarten und parallel dazu einen Pinot Noir „GC" aus dem Castellberg. Der Wein wird spontanvergoren und achtzehn Monate im Barrique ausgebaut. Die Lage ist weniger spektakulär als der Castellberg, der Maltesergarten-GC aber besticht Jahr für Jahr, setzt in den jüngsten Jahrgängen noch mehr auf Frische, vereint Frucht mit Komplexität, Finesse mit Druck, besitzt Länge und Nachhall.

Franken

In keinem anderen deutschen Weinanbaugebiet wird prozentual so wenig Riesling angebaut als in Franken. Was fränkische Winzer nicht daran hindert, auch hervorragende Rieslinge zu erzeugen, immerhin sechs Weine haben die Kriterien für die Aufnahme in dieses Buch erfüllt. Womit Riesling mengenmäßig vor Spätburgunder und Weißburgunder liegt, auch ein Chardonnay und eine rote Cuvée finden sich in dieser Ausgabe.

Klare Nummer Eins in Franken aber ist der Silvaner, der in den beiden letzten Jahrzehnten eine Renaissance erfahren hat und inzwischen auch die meistangebaute Rebsorte in Franken ist, hat er doch kürzlich den lange Jahre führenden Müller-Thurgau überholt.

Bis in das erste Jahrzehnt des 21. Jahrhunderts hinein hat man versucht Silvaner immer noch später zu ernten bei immer geringeren Erträgen, was zu mehr Alkohol führte und oft einherging mit höheren Restzuckerwerten. Diesen Irrweg hat man verlassen, hat sich darauf besonnen, dass hohe Alkoholwerte nicht zu Silvaner passen und Restsüße schon gar nicht, hatte sich doch Franken einst ein Renommee geschaffen für besonders trockene, durchgegorene Weine – „fränkisch trocken" genannt.

Trockener Silvaner ist die fränkische Spezialität, und bei den Spitzenwinzern heißt trocken heute wieder ganz selbstverständlich durchgegoren. Aber auch zwei edelsüße Silvaner haben die Kriterien zur Aufnahme erfüllt, beide von Horst Sauer und beide aus dem Escherndorfer Lump, der Lage, aus der gleich sechs Weine hier vorgestellt werden. Sie wachsen auf Muschelkalkböden wie fast alle präsentierten Silvaner, nur ein einziger stammt vom Keuper.

Von den vier vorgestellten Spätburgunder stammen gleich drei vom Weingut Rudolf Fürst, und alle drei sind auf Buntsandstein gewachsen; der vierte Wein, der Spätburgunder Maustal der Familie Luckert, kommt vom Muschelkalk.

Von den beiden Weißburgundern stammt jeweils einer von Muschelkalk und vom Buntsandstein. Chardonnay wird wie überall in Deutschland auch in Franken immer wichtiger, der einzige der die Aufnahmekriterien erfüllt und den es vor allem schon lange genug gibt, stammt vom Weingut Rudolf Fürst, ist aber anders als die anderen Fürst-Weine nicht auf Buntsandstein sondern auf Muschelkalk gewachsen. Hinzu kommt mit dem Grand Noir ein fränkischer „Exot", denn rote Cuvées findet man nicht allzu häufig in der Region.

GEMEINDE 🍾 ASTHEIM

(Karthäuser)
Chardonnay „R"
Weingut Rudolf Fürst

Astheim, erstmals 906 urkundlich erwähnt, ist seit 1972 ein Ortsteil von Volkach, westlich des Mains gelegen. 1971 wurden alle Astheimer Lagen zur neu geschaffenen Lage Karthäuser zusammengefasst, benannt nach dem im Jahr 1409 gegründeten Karthäuserkloster Marienbrück. Die Reben wachsen an einem süd-exponierten Hang westlich und nördlich von Astheim in 190 bis 220 Meter Höhe, der Boden besteht aus kargem weißen Muschelkalkmergel und fluvialen Sanden.
Das Weingut Rudolf Fürst besitzt 3,5 Hektar in der Lage. Bis 2015 trug der Chardonnay den Lagennamen Karthäuser, aber da Chardonnay in Franken respektive im fränkischen VDP keine für Große Gewächse zugelassene Rebsorte ist, verzichten Paul und Sebastian Fürst seit 2016 auf den Lagennamen, nennen den Wein Chardonnay R. Der Wein wird sechzehn Monate auf der Vollhefe im Barrique ausgebaut. Der Chardonnay R ist in den letzten Jahren präziser und frischer geworden, erscheint aber dadurch noch druckvoller und nachhaltiger, ist ganz auf Haltbarkeit vinifiziert.

GEMEINDE 🍾 BÜRGSTADT

Centgrafenberg
Riesling „GG"
Weingut Rudolf Fürst

FRANKEN

Der Bürgstadter Berg ist ein Südhang im Erftal, einem Seitental des Mains, in 160 bis 250 Meter Höhe und mit einer Steigung bis zu 40 Prozent. Der Boden besteht aus stark eisenhaltigem Buntsandstein in unterschiedlichen Verwitterungsstufen. Die verschiedenen Lagen im Berg wurden 1971 zur Einzellage Bürgstadter Centgrafenberg zusammengefasst; Bürgstadt gehörte seit dem 16. Jahrhundert zum Kurfürstentum Mainz, unter dessen Herrschaft der Weinbau in der Region gefördert wurde.
Die Riesling-Parzellen des Weingutes Fürst befinden sich im unteren Teil des Hanges und sind teilweise terrassiert. Das Große Gewächs kommt aus einem Weinberg mitten im Wohngebiet am Flüsschen Erf, der einst den Mainzer Erzbischöfen gehörte. Der Riesling Großes Gewächs wird im alten Doppelstückfass ausgebaut. Bis 2009 wurde der Top-Riesling des Weinguts als Riesling „R" bezeichnet, seit dem Jahrgang 2010 als Großes Gewächs. Er weist immer einen moderaten Alkoholgehalt auf, meist 12 oder 12,5 Prozent, ist in den letzten Jahren noch präziser, druckvoller und mineralischer geworden.

GEMEINDE 🍷 BÜRGSTADT

(Centgrafenberg)
Weißer Burgunder „R"
Weingut Rudolf Fürst

Der Bürgstadter Berg ist ein Südhang im Erftal, einem Seitental des Mains, in 160 bis 250 Meter Höhe und mit einer Steigung bis zu 40 Prozent. Der Boden besteht aus stark eisenhaltigem Buntsandstein in unterschiedlichen Verwitterungsstufen. Die verschiedenen Lagen im Berg wurden 1971 zur Einzellage Bürgstadter Centgrafenberg zusammengefasst; Bürgstadt gehörte seit dem 16. Jahrhundert zum Kurfürstentum Mainz, unter dessen Herrschaft der Weinbau in der Region gefördert wurde.

Der Weißburgunder R stammt aus der östlichsten Parzelle im Bürgstadter Berg, wo der Hang ein klein wenig nach Südosten dreht, wodurch diese Lage ein klein wenig kühler ist als die weiter westlich im Berg gelegenen Parzellen. Die Trauben werden mit den Füßen leicht angequetscht, der Weine wird in kleinen Eichenholzfässern vergoren, in denen er mindestens 16 Monate auf der Vollhefe bleibt. Schon seit den neunziger Jahren gibt es barriqueausgebauten Weißburgunder im Hause Fürst, bis einschließlich 2015 trug er die Lagenbezeichnung Centgrafenberg, seither wird er schlicht als Weißburgunder R bezeichnet.

GEMEINDE 🍷 BÜRGSTADT

Centgrafenberg
Spätburgunder „GG"
Weingut Rudolf Fürst

FRANKEN

Der Bürgstadter Berg ist ein Südhang im Erftal, einem Seitental des Mains, in 160 bis 250 Meter Höhe und mit einer Steigung bis zu 40 Prozent. Der Boden besteht aus stark eisenhaltigem Buntsandstein in unterschiedlichen Verwitterungsstufen. Die verschiedenen Lagen im Berg wurden 1971 zur Einzellage Bürgstadter Centgrafenberg zusammengefasst; Bürgstadt gehörte seit dem 16. Jahrhundert zum Kurfürstentum Mainz, unter dessen Herrschaft der Weinbau in der Region gefördert wurde.

Der Spätburgunder R aus dem Centgrafenberg wird seit den neunziger Jahren erzeugt, später wurde er zum Großen Gewächs, und zusammen mit dem Frühburgunder R aus dem Centgrafenberg bildete er die Spitze im roten Segment bis die Weine aus Hundsrück und Schlossberg neu hinzukamen. Der Spätburgunder Großes Gewächs Centgrafenberg wird in offenen Holzbottichen vergoren, mit hohem Ganztraubenanteil. Der 1999er Spätburgunder R war vor einem Vierteljahrhundert der beste Spätburgunder des Jahrgangs in Deutschland, seither ist der Wein Jahr für Jahr in der deutschen Spitze.

GEMEINDE 🍾 BÜRGSTADT

Hundsrück
Spätburgunder „GG"
Weingut Rudolf Fürst

2011 wurde die ehemalige Einzellage Hundsrück wieder als eigenständige Einzellage in die Lagenrolle eingetragen; seit 1971 war sie ein Teil des Centgrafenbergs. Die 11 Hektar große Lage Hundsrück liegt im östlichen Teil des Centgrafenbergs. Die Lage ist süd-exponiert, die Reben wachsen in 167 bis 231 Meter Höhe. Der Unterboden besteht aus Buntsandsteinverwitterungsgestein mit roter und oranger Farbe, der Boden ist leicht erwärmbar, stark eisenhaltig, besitzt sehr gute Drainageeigenschaften; die Lage ist gut durchlüftet. Paul Fürst hatte erstmals 2003 einen Spätburgunder aus dem Hundsrück erzeugt, bei ihm „Hunsrück" geschrieben, weil der offizielle Gewannname nicht auf dem Etikett erscheinen durfte. Der Wein wird in offenen Holzbottichen vergoren, mit hohem Ganztraubenanteil. Schon mit dem zweiten Jahrgang 2004 hat sich der Hundsrück in der deutschen Pinot-Spitze etabliert – und diesen Platz in der Spitze seither in jedem Jahrgang behauptet. Er ist etwas würziger und kraftvoller als sein Kollege, der Spätburgunder Großes Gewächs vom Centgrafenberg.

GEMEINDE ⌦ ESCHENDORF

am Lumpen 1655
Silvaner „VDP.Große Lage""
Weingut Rainer Sauer

FRANKEN

Der bis zu 60 Prozent steile überwiegend süd-exponierte Hang mit Muschelkalkböden erstreckt sich am rechten Mainufer südwestlich bis nordöstlich von Escherndorf, am gegenüberliegenden Ufer liegt Nordheim am Main. Die Lage Lump wurde bereits 1912 um benachbarte Lagen erweitert, 1971 wurde sie ein weiteres Mal erweitert auf heute etwa 35 Hektar. Die VDP-Weingüter nutzen als „Lagenbezeichnung" die Marke „Escherndorf Am Lumpen 1655"; im Jahr 1655 wurde die Lage unter dem Namen „Am Lumpen" erstmals urkundlich erwähnt.

Die Weinberge sind heute biologisch zertifiziert. Lange Zeit war der Silvaner „L" das Aushängeschild beim Weingut Rainer Sauer, seit dem Jahrgang 2008 ergänzt um den im Betonei ausgebauten „ab ovo". Mit der Aufnahme in den VDP hat man einen Silvaner Großes Gewächs eingeführt, erster Jahrgang war 2013; seither wurde er jedes Jahr erzeugt. Alle Rainer Sauer-Weine reifen hervorragend – das gilt auch für die ersten Jahrgänge des Großen Gewächses, obwohl diese noch deutlich üppiger waren als die jüngsten Jahrgänge.

GEMEINDE 🍾 ESCHENDORF

Lump
Riesling „GG"
Weingut Horst Sauer

Der bis zu 60 Prozent steile überwiegend süd-exponierte Hang mit Muschelkalkböden erstreckt sich am rechten Mainufer südwestlich bis nordöstlich von Escherndorf, am gegenüberliegenden Ufer liegt Nordheim am Main. Die Lage Lump wurde bereits 1912 um benachbarte Lagen erweitert, 1971 wurde sie ein weiteres Mal erweitert auf heute etwa 35 Hektar. Die VDP-Weingüter nutzen als „Lagenbezeichnung" die Marke „Escherndorf Am Lumpen 1655"; im Jahr 1655 wurde die Lage unter dem Namen „Am Lumpen" erstmals urkundlich erwähnt.

Die Trauben für den trockenen Spitzenriesling von Horst Sauer stammen aus dem steilsten Teil des Escherndorfer Lump und von alten Reben. Der Saft wird mit natürlicher Sedimentation geklärt und mit den weinbergseigenen Hefen vergoren, der Wein wird bis Ende Juli des auf die Ernte folgenden Jahres auf der Hefe ausgebaut. Seit über zwei Jahrzehnten gibt es bereits diesen Riesling Großes Gewächs, der immer expressive Frucht zeigt, in den letzten Jahren an Präzision gewonnen hat – ein Riesling, der hervorragend reift.

GEMEINDE 🍾 ESCHENDORF

Lump
Silvaner Beerenauslese
Weingut Horst Sauer

FRANKEN

Der bis zu 60 Prozent steile überwiegend süd-exponierte Hang mit Muschelkalkböden erstreckt sich am rechten Mainufer südwestlich bis nordöstlich von Escherndorf, am gegenüberliegenden Ufer liegt Nordheim am Main. Die Lage Lump wurde bereits 1912 um benachbarte Lagen erweitert, 1971 wurde sie ein weiteres Mal erweitert auf heute etwa 35 Hektar. Die VDP-Weingüter nutzen als „Lagenbezeichnung" die Marke „Escherndorf Am Lumpen 1655"; im Jahr 1655 wurde die Lage unter dem Namen „Am Lumpen" erstmals urkundlich erwähnt.

Der Fokus beim Silvaner liegt eindeutig bei trockenen Weinen, aber Horst Sauer ist der einzige fränkische Winzer, der Jahr für Jahr auch faszinierende edelsüße Silvaner erzeugt, von der Auslese bis hin zur Trockenbeerenauslese. Die Silvaner Beerenauslese wurde früher nicht ganz so regelmäßig erzeugt, seit dem Jahrgang 2012 aber gab es sie mit einer Ausnahme immer: Sie zeigt Aromen von Litschi und Aprikosen, in manchen Jahrgängen kandierte Früchte, besitzt viel Intensität und Biss.

GEMEINDE 🍷 ESCHENDORF

Lump
Riesling Beerenauslese
Weingut Horst Sauer

Der bis zu 60 Prozent steile überwiegend süd-exponierte Hang mit Muschelkalkböden erstreckt sich am rechten Mainufer südwestlich bis nordöstlich von Escherndorf, am gegenüberliegenden Ufer liegt Nordheim am Main. Die Lage Lump wurde bereits 1912 um benachbarte Lagen erweitert, 1971 wurde sie ein weiteres Mal erweitert auf heute etwa 35 Hektar. Die VDP-Weingüter nutzen als „Lagenbezeichnung" die Marke „Escherndorf Am Lumpen 1655"; im Jahr 1655 wurde die Lage unter dem Namen „Am Lumpen" erstmals urkundlich erwähnt.

Seit den neunziger Jahren hat Horst Sauer eine Passion für edelsüße Weine in immer wieder faszinierende Auslesen, Beerenauslesen, Trockenbeerenauslesen und Eisweine umgesetzt. Riesling Eisweine sind selten geworden im letzten Jahrzehnt, und auch Riesling Trockenbeerenauslesen, die bis 2015 in jedem Jahrgang erzeugt wurden, haben sich seither rar gemacht. Jedes Jahr aber gibt es nach wie vor eine faszinierende, reintönige Riesling Beerenauslese, die Konzentration, Fülle und Biss besitzt.

GEMEINDE ESCHENDORF

Lump
Silvaner Trockenbeerenauslese
Weingut Horst Sauer

FRANKEN

Der bis zu 60 Prozent steile überwiegend süd-exponierte Hang mit Muschelkalkböden erstreckt sich am rechten Mainufer südwestlich bis nordöstlich von Escherndorf, am gegenüberliegenden Ufer liegt Nordheim am Main. Die Lage Lump wurde bereits 1912 um benachbarte Lagen erweitert, 1971 wurde sie ein weiteres Mal erweitert auf heute etwa 35 Hektar. Die VDP-Weingüter nutzen als „Lagenbezeichnung" die Marke „Escherndorf Am Lumpen 1655"; im Jahr 1655 wurde die Lage unter dem Namen „Am Lumpen" erstmals urkundlich erwähnt.

Während Trockenbeerenauslesen vom Riesling rar geworden sind in den letzten Jahren, gibt es Trockenbeerenauslesen vom Silvaner noch deutlich öfter, wenn auch nicht mehr wie früher in jedem Jahrgang. Die Silvaner Trockenbeerenauslese von Horst Sauer ist faszinierend komplex und konzentriert, ihre aromatische Intensität changiert je nach Jahrgang zwischen gelben Früchten, Zitrusaromen und Tropenfrüchten sowie einer Vielfalt an kandierten Früchten und Gewürzen.

GEMEINDE ␥ ESCHENDORF

ab ovo
Silvaner
Weingut Rainer Sauer

Der ab ovo genannte Silvaner des Weingutes Rainer Sauer trägt zwar keine Lagenbezeichnung, aber er stammt aus dem Escherndorfer Lump. Der bis zu 60 Prozent steile überwiegend süd-exponierte Hang mit Muschelkalkböden erstreckt sich am rechten Mainufer südwestlich bis nordöstlich von Escherndorf, am gegenüberliegenden Ufer liegt Nordheim am Main. Die Lage Lump wurde bereits 1912 um benachbarte Lagen erweitert, 1971 wurde sie ein weiteres Mal erweitert auf heute etwa 35 Hektar.
Die Weinberge werden biologisch bewirtschaftet. Daniel Sauer, der heute das Weingut führt, erzeugt eine Vielzahl unterschiedlicher Silvaner aus dem Lump, der ungewöhnlichste ist der ab ovo genannte Silvaner, der erstmals 2008 erzeugt wurde und völlig anders vinifiziert wird als die anderen Weine: Er wird im 900 Liter-Beton-Ei ausgebaut. Er ist in seiner Jugend weniger expressiv und fruchtintensiv als andere Silvaner, tut sich anfangs schwer in Blindproben, man muss ihm Zeit geben, er besticht mit faszinierender Nachhaltigkeit – und reift hervorragend: Der 2008er war nach 15 Jahren besser denn je!

GEMEINDE ⇨ KLINGENBERG

Schlossberg
Spätburgunder „GG"
Weingut Rudolf Fürst

FRANKEN

Die Reben wachsen in Klingenberg an zwei Bergen, dem Schlossberg (Richtung Großheubach im Süden) und dem Hohberg (Richtung Erlenbach im Norden). 1971 wurden die Weinberge an beiden Bergen zur Lage Schlossberg zusammengefasst. Der überwiegend südwest-exponierte Schlossberg besteht aus vielen kleinen Terrassen, die durch Trockenmauern gestützt werden. Die ältesten Terrassen wurden wahrscheinlich im 12. Jahrhundert angelegt. Der Boden besteht aus verwittertem Buntsandstein.

Paul und Sebastian Fürst haben 2004 drei Filetstücke im Schlossberg gekauft. In den Jahren bis 2006 wurden zwei Drittel der Parzellen mit besten Pinotklonen neu bepflanzt und hunderte Meter Trockenmauern repariert und in Stand gesetzt. 2004 haben sie erstmals einen Spätburgunder aus dem Schlossberg erzeugt, der aber als Klingenberger Ortswein auf den Markt kam; einen Spätburgunder Großes Gewächs Schlossberg gab es erstmals 2008. Der Schlossberg-Spätburgunder wird in offenen Holzbottichen vergoren, mit hohem Ganztraubenanteil.

GEMEINDE 🍾 RETZSTADT

Himmelspfad
Silvaner „GG"
Weingut Rudolf May

Der Himmelspfad ist eine süd-exponierte Steillage mit 65 Prozent Steigung am Oberlangberg, westlich von Retzstadt. Der Name rührt von einem alten, steilen Weinbergspfad her, der früher vom Frohnberg zum Oberlangberg hinaufführte, den es seit der Flurbereinigung aber nicht mehr gibt. Der Himmelspfad liegt auf 250 Meter Höhe, der Boden besteht aus kargem, feinporigem Muschelkalk. Rudolf May, biozertifiziert seit 2019, baut in der Lage Silvaner an, erzeugt aus 1963 gepflanzten Reben das Große Gewächs Himmelspfad. Als Großes Gewächs wird der Wein erst seit dem Jahrgang 2014 bezeichnet, nachdem die Gewanne Himmelspfad vom VDP als Große Gewächs-Lage anerkannt wurde, bis 2019 war immer noch die Einzellage Langenberg angegeben, seit 2020 steht nur noch Himmelspfad auf dem Etikett, seit die Gewanne in die Lagenrolle eingetragen wurde. Zwischen 2003 und 2009 gab es einen Silvaner Spätlese trocken „Recis", zwischen 2011 und 2013 den Sylvaner „Recis 1963". Der Wein wird heute neun Monate in Doppelstückfässern auf der Vollhefe ausgebaut.

GEMEINDE 🍾 RÖDELSEE

Hoheleite
Sylvaner „GG"
Weingut Weltner

FRANKEN

Rödelsee wurde erstmals im 11. Jahrhundert im Zusammenhang mit einem Weinbergstausch urkundlich erwähnt. 1971 wurden alle Einzellagen zusammengefasst und auf zwei Einzellagen reduziert, Küchenmeister und Schwanleite. Die erstmals 1317 urkundlich erwähnte, 15 Hektar große Hoheleite, seit 1971 Teil des Küchenmeister, liegt in 330 bis 360 Meter Höhe und ist west- bis südwest-exponiert. Der Boden besteht aus einer Estherienschicht von verschiedenfarbigen Tonablagerungen, die von einer Gipsschicht durchsetzt ist, zudem finden sich Schilf- und Blasensandstein.
Der Spitzen-Silvaner von Paul Weltner wird seit 2003 als Großes Gewächs bezeichnet und seit 2011 trägt er den Namen der ehemaligen Einzellage Hoheleite. Der Wein wird spontanvergoren und kompromisslos durchgegoren ausgebaut. Er tut sich jung in Blindverkostungen ein wenig schwer, ist zurückhaltend in der Frucht, setzt ganz auf Kraft und Struktur, ist druckvoll und nachhaltig und er besitzt ein hervorragendes Reifepotenzial.

GEMEINDE 🍷 RÖDELSEE

Hoheleite
Riesling „GG"
Weingut Weltner

Die erstmals 1317 urkundlich erwähnte, 15 Hektar große Hoheleite, seit 1971 Teil des Küchenmeister, liegt in 330 bis 360 Meter Höhe und ist west- bis südwest-exponiert. Der Boden besteht aus einer Estherienschicht von verschiedenfarbigen Tonablagerungen, die von einer Gipsschicht durchsetzt ist, zudem finden sich Schilf- und Blasensandstein. Auch wenn Silvaner die Hauptrolle spielt in Rödelsee, wird doch seit jeher auch Riesling angebaut, wie in allen Gemeinden am Fuße des Schwanbergs, und auch die Weltners bauen schon lange Riesling an.

Der Riesling aus der Hoheleite wurde erstmals 2012 als Großes Gewächs angeboten; bis 2009 trug der Spitzen-Riesling von Paul Weltner die Bezeichnung Spätlese trocken, 2011 gab es Riesling Silber und Riesling Gold. In den ersten Jahren stand der Hoheleite-Riesling immer ein wenig im Schatten seines Silvaner-Kollegen, heute aber liefern sie sich ein Kopf-an-Kopf-Rennen, der Riesling ist enorm druckvoll und zupackend, sehr nachhaltig bei ausgeprägt mineralischen Noten.

GEMEINDE 🍾 SOMMERACH

Hölzlein
Weißburgunder
Weingut Richard Östreicher

FRANKEN

1971 wurden in Sommerach die ehemals besten Einzellage alle zur nun stark vergrößerten Einzellage Katzenkopf „vereinigt", darunter eine Reihe von Lagen wie Hölzlein, Rossbach, Augustbaum, Guckenberg oder Rosen, alles Lagen, in denen Richard Oestreicher heute Reben besitzt. Inzwischen wurden alle diese Gewanne als kleinere geografische Einheit in den Lagenrolle eingetragen, können nun also wieder „offiziell" verwendet werden. Die Lage Hölzlein ist südwest-exponiert, die Reben wachsen auf steinigen Muschelkalkböden mit Lehmauflage.

Richard Oestreicher baut im Hölzlein Weißburgunder an. Alle seine Weinberge werden biologisch bewirtschaftet, die Weine werden spontanvergoren und im Barrique ausgebaut. Der Weißburgunder Hölzlein kommt im Jahr nach der Ernte in den Verkauf, anfangs wurde er als Weißburgunder „S.L." bezeichnet. Im jungen Stadium tut dem Hölzlein-Weißburgunder etwas Luft gut, man kann ihn auch dekantieren, er ist kompromisslos trocken und puristisch, kraftvoll, stoffig und nachhaltig.

GEMEINDE 🍾 SOMMERACH

Alte Reben
Silvaner
Weingut Max Müller I

Wilm ist seit jeher eine der Top-Lagen in Sommerach, wurde aber 1971 der benachbarten Lage Katzenkopf zugeschlagen; Inzwischen wurde die Gewanne Wilm als kleinere geografische Einheit in den Lagenrolle eingetragen Ud darf also wieder auf Weinetiketten verwendet werden, und es ist zu vermuten, dass auch der VDP diese Lage als Große Gewächs-Lage klassifizieren wird, nachdem das Weingut Max Müller I nun Mitglied des Verbandes ist. Die Lage ist süd-südwest-exponiert, besitzt eine Hangneigung bis zu 30 Prozent, der Boden besteht aus Muschelkalk mit feiner Sandauflage.

Der Silvaner Alte Reben stammt von in den sechziger Jahren gepflanzten Reben. Der Wein wird nach langer Maischestandzeit in gebrauchten Halbstückfässern spontanvergoren, er bleibt lange auf der Vollhefe, bei gelengentlicher Bâtonnage. Der Silvaner Alte Reben wurde mit der Bezeichnung Alte Reben erstmals im Jahrgang 2008 erzeugt und hat sich schnell in der fränkischen Silvanerspitze etabliert, der Wein ist komplex, druckvoll und strukturiert, lang und nachhaltig.

GEMEINDE 🍷 STETTEN

Stein
Silvaner „GG"
Weingut Am Stein – Ludwig Knoll

FRANKEN

Stetten, erstmals 788 als Steti urkundlich erwähnt, liegt im Werntal, südöstlich von Karlstadt, dessen Stadtteil es seit 1978 ist. Schon seit 816 ist Weinbau im Rosstal belegt, im 16. Jahrhundert gab es 200 Hektar Reben. Stetten besitzt Weinberge sowohl im Werntal als auch im Maintal. Die größere Fläche befindet sich am Main und besteht aus drei Teillagen, Hinterer Rossthalberg, Loch und Stein, die Reben wachsen auf massiven Muschelkalkbänken rund 80 Meter über dem Main auf flachgründigem verwitterten Muschelkalk; die steile Lage ist südwest- bis süd-exponiert.

Der Spitzen-Silvaner von Ludwig Knoll wurde erstmals 2012 als Großes Gewächs bezeichnet, da sich der VDP Franken lange Zeit schwer damit tat neben dem Würzburger Stein eine zweite Stein genannte Lage zu klassifizieren. Der Wein stammt aus biologischem Anbau, wird spontanvergoren, in einem Zusammenspiel von Betonei, Barrique und Amphore lange auf der Hefe ausgebaut, nicht filtriert und kommt erst im zweiten Jahr nach der Ernte in den Verkauf.

GEMEINDE 🗝 STETTEN

Stein
Riesling „GG"
Weingut Am Stein – Ludwig Knoll

Stetten, erstmals 788 als Steti urkundlich erwähnt, liegt im Werntal, südöstlich von Karlstadt, dessen Stadtteil es seit 1978 ist. Schon seit 816 ist Weinbau im Rosstal belegt, im 16. Jahrhundert gab es 200 Hektar Reben. Stetten besitzt Weinberge sowohl im Werntal als auch im Maintal. Die größere Fläche befindet sich am Main und besteht aus drei Teillagen, Hinterer Rossthalberg, Loch und Stein, die Reben wachsen auf massiven Muschelkalkbänken rund 80 Meter über dem Main auf flachgründigem verwitterten Muschelkalk; die steile Lage ist südwest- bis süd-exponiert.

Wie der Silvaner wurde auch der Spitzen-Riesling von Ludwig Knoll erst 2012 als Großes Gewächs zugelassen. Der Wein stammt aus biologischem Anbau, wird spontanvergoren, in einem komplexen Zusammenspiel aus Betonei, Barrique, Tonneau und Amphore ausgebaut, er wird nicht filtriert und kommt erst im zweiten Jahr nach der Ernte in den Verkauf. Wie der Silvaner ist er enorm eigenständig, leicht kräutrig, präzise, druckvoll und nachhaltig, braucht Zeit.

GEMEINDE 🍾 SULZFELD

Creutz
Silvaner
Weingut Zehnthof

FRANKEN

In der ehemaligen Lage Creutz, im Ort Sulzfeld gelegen und umgeben von Häusern, konnte die Familie Luckert einen im Jahr 1875 gepflanzten Weinberg erwerben, unmittelbar vor der geplanten Rodung. Dieser Weinberg ist einer der ganz wenigen, die zur damaligen Zeit sortenrein gepflanzt wurden; und natürlich ist er mit wurzelechten Reben bestockt, was anderes gab es nicht zur damaligen Zeit. Wie alle Zehnthof-Weinberge wird er zertifiziert biologisch bewirtschaftet.

2012 wurde erstmals ein Wein aus diesem Weinberg erzeugt und er erhielt den Namen Creutz nach der alten Einzellage; seither wurde er jedes Jahr erzeugt, mit Ausnahme des Jahrgangs 2020; die kleine Fläche ergibt nur 500 bis 700 Flaschen Wein im Jahr. Der Wein wird spontanvergoren und im Doppelstückfass aus Spessarteiche ausgebaut, bleibt lange auf der Hefe und wird komplett durchgegoren. In den ersten Jahren unterschied er sich aromatisch gar nicht so sehr von den anderen Zehnthof-Silvanern, zuletzt aber ist er deutlich rauchiger, stoffiger und nachhaltiger geworden.

GEMEINDE 🍾 SULZFELD

Maustal
Silvaner „GG"
Weingut Zehnthof

Das Sulzfelder Maustal umfasst seit 1971 alle südlich und südwestlich von Sulzfeld gelegenen Weinberge. Die ursprüngliche Lage Maustal liegt unmittelbar südlich von Sulzfeld, bildet also den nördlichsten Teil der 1971 vergrößerten Lage und ist überwiegend süd-exponiert. Die Lage besitzt karge, skelettreiche Muschelkalkböden. Der Zehnthof besitzt fast 5 Hektar im Maustal, die ältesten Silvanerreben wurden bereits im Jahr 1963 gepflanzt, die Weinberge sind biologisch zertifiziert.
Die Zehnthof-Weinberge werden schon lange biologisch bewirtschaftet. Der Top-Silvaner aus dem Maustal wurde bis 2011 mit 3 Sternen versehen, seit dem Jahrgang 2012 trägt er die Bezeichnung Großes Gewächs. Der Wein wird spontanvergoren und im Doppelstückfass aus Spessarteiche ausgebaut, bleibt lange auf der Hefe und wird komplett durchgegoren. Der Maustal-Silvaner vom Zehnthof ist von Gelbfruchtaromen geprägt, war früher in manchen Jahren recht füllig, ist heute stoffiger und druckvoller, sehr nachhaltig bei dezent mineralischen Noten.

GEMEINDE 🍾 SULZFELD

Maustal
Riesling „GG"
Weingut Zehnthof

FRANKEN

Das Sulzfelder Maustal umfasst seit 1971 alle südlich und südwestlich von Sulzfeld gelegenen Weinberge. Die ursprüngliche Lage Maustal liegt unmittelbar südlich von Sulzfeld, bildet also den nördlichsten Teil der 1971 vergrößerten Lage und ist überwiegend süd-exponiert. Die Lage besitzt karge, skelettreiche Muschelkalkböden. Der Zehnthof besitzt fast 5 Hektar Reben im Maustal, die Weinberge sind seit langem biologisch zertifiziert.

Der Riesling stammt von in den achtziger Jahren gepflanzten Reben. Der Top-Riesling aus dem Maustal wurde bis zum Jahrgang 2011 mit 3 Sternen versehen, seit dem Jahrgang 2012 trägt er die Bezeichnung Großes Gewächs. Der Wein wird spontanvergoren und im Doppelstückfass aus Spessarteiche ausgebaut, bleibt lange auf der Hefe. Der Maustal-Riesling des Zehnthofs ist intensiv fruchtig, von Gelbfruchtnoten geprägt (Mirabelle, Aprikose), ist im Mund enorm stoffig und druckvoll, kraftvoll, strukturiert und sehr nachhaltig.

GEMEINDE 🍾 SULZFELD

Maustal
Spätburgunder „GG"
Weingut Zehnthof

Das Sulzfelder Maustal umfasst seit 1971 alle südlich und südwestlich von Sulzfeld gelegenen Weinberge. Die ursprüngliche Lage Maustal liegt unmittelbar südlich von Sulzfeld, bildet also den nördlichsten Teil der 1971 vergrößerten Lage und ist überwiegend süd-exponiert. Die Lage besitzt karge, skelettreiche Muschelkalkböden. Der Zehnthof besitzt fast 5 Hektar Reben im Maustal, die Weinberge sind seit langem biologisch zertifiziert.

Der Spätburgunder stammt von in den neunziger Jahren gepflanzten Reben im ursprünglichen Maustal. Er wird im offenen Bottich spontanvergoren und achtzehn Monate im Barrique ausgebaut. Bis zum Jahrgang 2010 wurde der beste Spätburgunder aus dem Maustal mit drei Sternen gekennzeichnet, seit dem Jahrgang 2011 trägt er die Bezeichnung Großes Gewächs. Die letzten Jahrgänge waren ausgesprochen fruchtbetont, sehr intensiv, der Wein besitzt feine Tannine, schönen Grip, viel Länge und Nachhall, unterscheidet sich deutlich von anderen fränkischen Spätburgundern.

GEMEINDE 🍷 SULZFELD

Grand Noir
Rotwein***
Weingut Zehnthof

FRANKEN

Der Sonnenberg ist ein 35 Hektar großer Südhang unmittelbar westlich von Sulzfeld. Der Boden besteht aus Oberem Muschelkalk mit Gelbkalkbänken, die Reben wachsen in 230 bis 270 Meter Höhe, er liegt also höher als das Maustal, ist aber nicht ganz so steil. Der Zehnthof baut im Sonnenberg Silvaner, Weißburgunder, Chardonnay und Frühburgunder an, aber auch Cabernet Sauvignon und Merlot wachsen im Sonnenberg, genau genommen in der Parzelle Am Uptal, sie gehören zu den ersten Cabernet Sauvignon- und Merlot-Anlagen in Franken.

Der Grand Noir ist eine Cuvée aus etwa 80 Prozent Cabernet Sauvignon und 20 Prozent Merlot. Der Wein wird im offenen Bottich spontanvergoren und achtzehn Monate im Barrique ausgebaut. Er wurde erstmals 2002 erzeugt; in den Jahren ab 2004 gab es auch einen reinsortigen Cabernet Sauvignon, ein reinsortiger Merlot wird auch heute noch erzeugt. Der Grand Noir ist in seiner Jugend oft verschlossen, reift hervorragend, ist konzentriert, intensiv, kraftvoll und lang.

GEMEINDE 🖝 THÜNGERSHEIM

Rothlauf
Silvaner „GG"
Weingut Rudolf May

Der Rothlauf ist eine süd- bis südwest-exponierte Gewanne in der Einzellage Johannisberg, nordwestlich von Thüngersheim. Sie liegt im Thüngersheimer Sattel, einer tektonischen Verwerfung, bei der eine Buntsandsteinschicht durch den darüber liegenden Muschelkalk gebrochen ist. Die Reben wachsen auf 190 bis 300 Meter Höhe auf kargen, skelettreichen Böden, die Steigung beträgt 40 bis 60 Prozent. Rudolf May, biozertifiziert seit 2019, besitzt in der Lage 1966 gepflanzte Silvanerreben.

Rudolf May erzeugte 2011 und 2012 einen Recis genannten Silvaner aus dem Johannisberg, mit der Aufnahme in den VDP wurde 2013 daraus das Große Gewächs Rothlauf, das bis 2019 mit dem Zusatz der Einzellage Johannisberg auf dem Etikett erschien, seither ist der Rothlauf in die Lagenrolle eingetragen und firmiert nur noch als Rothlauf Thüngersheim. Der Silvaner wird nach 12-stündiger Maischestandzeit spontanvergoren und neun Monate auf der Vollhefe ausgebaut, zu 60 Prozent im Betonei, zu 40 Prozent im Doppelstückfass.

GEMEINDE 🍾 VOLKACH

Eigenart
Silvaner
Weingut Max Müller I

FRANKEN

Der Silvaner Eigenart trägt keine Lagenbezeichnung, weil Rainer und Christian Müller bei diesem Wein den Ausbau in den Vordergrund stellen. Er ist heute eine Cuvée von drei verschiedenen Gemeinden, aus Escherndorf, Volkach und Sommerach. In den ersten Jahren stammte er von alten Reben im Filetstück des Escherndorfer Lump, aber seit 2015 erzeugen die Müllers einen Lagen-Silvaner aus dem Lump (heute Großes Gewächs), so dass für den Eigenart-Silvaner heute auch Trauben aus anderen Lagen verwendet werden. Der Silvaner Eigenart wird nach langer Maischestandzeit spontanvergoren und im Halbstückfass ausgebaut, auf der Vollhefe und bei regelmäßiger Bâtonnage. Er wurde erstmals 2008 – und seither jedes Jahr – erzeugt und in den ersten drei Jahrgängen als Spätlese trocken bezeichnet. Der Ausbau im Holz ist nie dominant, die für den Lump typische Gelbfruchtaromatik ist vorhanden, aber nicht ganz so offensiv wie man das bei anderen Lump-Silvanern kennt, der Wein ist würzig, druckvoll, harmonisch, komplex und lang, sehr eigenständig.

Mosel

Denkt man an die Mosel, denkt man an Riesling. Schaut man in die Rebsortenstatistik, dann ist man ganz überrascht zu sehen, dass es an Mosel, Saar und Ruwer gerade einmal 62 Prozent Riesling gibt, so sehr hat sich bei den Konsumenten das Bild „Mosel = Riesling" festgesetzt. Mit weitem Abstand folgen in der Statistik die Rebsorten Müller-Thurgau, Elbling, Spätburgunder und Weißburgunder.

Die Mosel stellt neben Baden die meisten Weine, die die Kriterien für die Auswahl als großer Wein erfüllt haben, und das obwohl eine Reihe von edelsüßen Rieslingen an dem Kriterium der Regelmäßigkeit der Produktion gescheitert sind, weil sie nunmal in vielen Jahren nicht erzeugt werden (können).

Das gilt nicht nur für Eisweine, die früher im Anbaugebiet besonders faszinierend waren und heute fast ganz verschwunden sind, sondern auch für Beerenauslesen und Trockenbeerenauslesen, die zwar weiterhin erzeugt werden, aber eben nicht in jeder Lage und in allen Jahrgängen, so dass ausschließlich Spätlesen und Auslesen die definierten Kriterien erfüllen.

Riesling dominiert also an dieser Stelle, aber es finden sich nicht nur Rieslinge auf den folgenden Seiten, denn auch zwei Spätburgunder haben die Kriterien für große Weine erfüllt. Spätburgunder von der Mosel – man wird sich daran gewöhnen müssen, haben doch sowohl Bernkasteler Ring als auch Großer Ring (VDP) die Rebsorte inzwischen für Große Gewächse zugelassen.

Aber neben den beiden Spätburgundern, beide vom Weingut Markus Molitor, wird ausschließlich Riesling auf den folgenden Seiten präsentiert, und mehrheitlich süße und edelsüße Rieslinge – aber dafür steht die Mosel ja schließlich auch.

Überraschen mag eher wie viele trockene Rieslinge inzwischen bereits die Kriterien erfüllen, denn trocken spielte jahrzehntelang kaum eine Rolle im Anbaugebiet, denn bei vielen Konsumenten gibt es nicht nur die eingangs genannte Gleichsetzung von Mosel mit Riesling, sondern genauer noch die Prägung „Mosel = süßer Riesling".

Der Verbrauchertrend in Deutschland aber geht ganz eindeutig hin zu trockenen Weinen, während süßer und edelsüßer Riesling vor allem im Ausland weiter gefragt ist, selbst wenn inzwischen auch international trockener deutscher Riesling im Kommen ist.

GEMEINDE 🍾 BERNKASTEL

Doctor
Riesling Auslese
Weingut Wegeler

Der steile Doctorberg liegt unmittelbar nordöstlich der Bernkasteler Altstadt. Die Lage Bernkasteler Doctor wurde 1971 erweitert auf die heutigen 3,25 Hektar. Die Reben wachsen in 121 bis 208 Meter Höhe, die Lage ist überwiegend südwest-exponiert. Die dunklen Böden bestehen aus steiniger blau-grauer Devonschieferverwitterung mit hohem Feinerdeanteil. Ausschließlich Riesling wird in der Lage angebaut, teilweise wurzelechte Reben. Er erhielt der Sage nach seinen Name von Erzbischof Boemund II, der, von schwerer Krankheit geheilt, die Lage als den „wahren Doctor" bezeichnete. Julius Wegeler hatte im Jahr 1900 einen Teil des ursprünglichen Doctor erworben, 4.300 Quadratmeter, zu dem damals Aufsehen erregenden Preis von 100 Goldmark je Stock; ein weiterer Zukauf im Jahr 1910 machte das Weingut zum größten Besitzer der Lage. Das Weingut erzeugt aus der Lage einen trockenen Wein, heute Großes Gewächs genannt, vor allem aber süße und edelsüße Weine bis hin zur Trockenbeerenauslese; diese wird nur in wenigen Jahren erzeugt, aber fast jedes Jahr gibt es die Doctor-Auslese.

GEMEINDE 🍾 BRANEBERG

Juffer-Sonnenuhr
Riesling trocken „GG"
Weingut Fritz Haag

Die Brauneberger Juffer-Sonnenuhr liegt gegenüber von Brauneberg am linken Moselufer, direkt am Fluss, ist an den anderen drei Seiten von der Einzellage Brauneberger Juffer umgeben. Sie hat ihren Namen von einer Sonnenuhr, von denen man entlang der Mosel mehrere findet; am Fuße der Lage befindet sich eine römische Kelter – also haben schon die Römer hier Wein angebaut. Die 10,6 Hektar große Lage ist süd-südost-exponiert, die Reben wachsen in 112 bis 157 Meter Höhe, der Boden besteht aus blaugrauem Schiefer mit hohem Eisengehalt.

Das Große Gewächs aus der Juffer-Sonnenuhr stammt von den besten und ältesten Parzellen in der Lage. Oliver Haag baut den Wein zum größeren Teil im Fuder, einen kleineren Teil im Edelstahl aus. Der Wein wird mit den natürlichen Hefen vergoren und lange auf der Hefe ausgebaut. Lange Zeit war das Weingut für seine süßen und edelsüßen Rieslinge berühmt, die trockene Spätlese, dann das Große Gewächs, spielte nur eine Nebenrolle, aber seit dem Jahrgang 2012 ist der trockene Juffer-Sonnenuhr-Wein immer hervorragend.

GEMEINDE 🍷 BRAUNEBERG

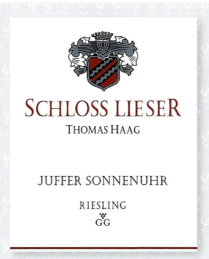

Juffer-Sonnenuhr
Riesling „GG"
Weingut Schloss Lieser

Die Brauneberger Juffer-Sonnenuhr liegt gegenüber von Brauneberg am linken Moselufer, direkt am Fluss, ist an den anderen drei Seiten von der Einzellage Brauneberger Juffer umgeben. Sie hat ihren Namen von einer Sonnenuhr, von denen man entlang der Mosel mehrere findet; am Fuße der Lage befindet sich eine römische Kelter – also haben schon die Römer hier Wein angebaut. Die 10,6 Hektar große Lage ist süd-südost-exponiert, die Reben wachsen in 112 bis 157 Meter Höhe, der Boden besteht aus blaugrauem Schiefer mit hohem Eisengehalt.

Anfangs besaß Thomas Haag nur Weinberge in Lieser, ab 2002 kamen Reben in Juffer und Juffer-Sonnenuhr in Brauneberg hinzu. Juffer-Sonnenuhr gehörte mit Niederberg-Helden in Lieser zu den ersten beiden Großen Gewächsen, die Thomas Haag ab dem Jahrgang 2009 erzeugt hat. Der Wein wird spontanvergoren und im Edelstahl ausgebaut. Seit dem ersten Jahrgang ist das Große Gewächs aus der Juffer-Sonnenuhr hervorragend, hat in den letzten Jahrgängen weiter an Präzision und Nachhaltigkeit gewonnen.

GEMEINDE ⌁ BRAUNEBERG

Juffer-Sonnenuhr
Riesling Spätlese
Weingut Fritz Haag

Die Brauneberger Juffer-Sonnenuhr liegt gegenüber von Brauneberg am linken Moselufer, direkt am Fluss, ist an den anderen drei Seiten von der Einzellage Brauneberger Juffer umgeben. Sie hat ihren Namen von einer Sonnenuhr, von denen man entlang der Mosel mehrere findet; am Fuße der Lage befindet sich eine römische Kelter – also haben schon die Römer hier Wein angebaut. Die 10,6 Hektar große Lage ist süd-südost-exponiert, die Reben wachsen in 112 bis 157 Meter Höhe, der Boden besteht aus blaugrauem Schiefer mit hohem Eisengehalt.

Die Trauben werden schonend gekeltert, der Wein wird mit den natürlichen Hefen vergoren und lange auf der Feinhefe ausgebaut. Unter Wilhelm Haag hatte das Weingut Fritz Haag immer mit klassischen Mosel-Spätlesen brilliert, und daran hat sich nichts geändert seit Sohn Oliver im Jahr 2005 das Gut übernommen hat. Die Spätlese aus der Juffer-Sonnenuhr, zu der es auch eine Versteigerungs-Variante mit der Nummer 14 gibt, ist frisch, lebhaft, elegant – eine klassische Mosel-Spätlese.

GEMEINDE 🍾 BRAUNEBERG

Juffer-Sonnenuhr
Riesling Spätlese Nr. 14
Weingut Fritz Haag

Die Brauneberger Juffer-Sonnenuhr liegt gegenüber von Brauneberg am linken Moselufer, direkt am Fluss, ist an den anderen drei Seiten von der Einzellage Brauneberger Juffer umgeben. Sie hat ihren Namen von einer Sonnenuhr, von denen man entlang der Mosel mehrere findet; am Fuße der Lage befindet sich eine römische Kelter – also haben schon die Römer hier Wein angebaut. Die 10,6 Hektar große Lage ist süd-südost-exponiert, die Reben wachsen in 112 bis 157 Meter Höhe, der Boden besteht aus blaugrauem Schiefer mit hohem Eisengehalt.

Schon lange gibt es im Weingut Fritz Haag neben der klassischen Spätlese aus der Juffer-Sonnenuhr auch eine Versteigerungs-Spätlese aus der Juffer-Sonnenuhr mit der Nummer 14, die bei der jährlichen Versteigerung des Großen Rings, also des VDP Mosel-Saar-Ruwer, in Trier unter den Hammer kommt. Die Versteigerungs-Spätlese ist immer faszinierend reintönig, rassig und nachhaltig, ein wenig konzentrierter und komplexer als die „normale" Spätlese, aber wie diese ebenfalls eine klassische Mosel-Spätlese.

GEMEINDE 🍾 BRAUNEBERG

Juffer
Riesling Auslese
Weingut Fritz Haag

Die Lage Juffer liegt am linken Moselufer, gegenüber von Brauneberg, sie umschließt die Lage Juffer-Sonnenuhr; ein kleiner Teil ganz im Osten der Juffer liegt auf der Gemarkung von Maring-Noviand. Die 32 Hektar große Lage ist süd-südost-exponiert, die Reben wachsen in 111 bis 255 Meter Höhe, der Boden besteht aus grau-blauem Devonschiefer mit Eiseneinschlüssen. Der Name geht zurück auf den Weinbergbesitz der unverheirateten Töchter (Juffer, moselfränkisch für Jungfer) des kurpfälzischen Kammerherrn Wunderlich, die damals die größten Anteilseigner der Lage waren. Juffer und Juffer-Sonnenuhr sind die klassischen Lagen des Weinguts Fritz Haag aus denen man lange schon Kabinettweine, Spätlesen und Auslesen erstellt und, wenn es der Jahrgang erlaubt, auch Beerenauslesen und Trockenbeerenauslesen. Letztere gibt es in unregelmäßigen Abständen, aber die Auslese aus der Juffer wird praktisch jedes Jahr erzeugt. Sie ist meist nicht ganz so expressiv wie die Auslese aus der Juffer-Sonnenuhr, aber immer faszinierend reintönig, elegant, harmonisch und lang.

GEMEINDE 🗝 **BRAUNEBERG**

Juffer-Sonnenuhr
Riesling Auslese
Weingut Fritz Haag

MOSEL

Die Brauneberger Juffer-Sonnenuhr liegt gegenüber von Brauneberg am linken Moselufer, direkt am Fluss, ist an den anderen drei Seiten von der Einzellage Brauneberger Juffer umgeben. Sie hat ihren Namen von einer Sonnenuhr, von denen man entlang der Mosel mehrere findet; am Fuße der Lage befindet sich eine römische Kelter – also haben schon die Römer hier Wein angebaut. Die 10,6 Hektar große Lage ist süd-südost-exponiert, die Reben wachsen in 112 bis 157 Meter Höhe, der Boden besteht aus blau-grauem Schiefer mit hohem Eisengehalt.

Die Auslesen aus der Juffer-Sonnenuhr sind die Aushängeschilder in der Kollektion von Oliver Haag. Neben der „klassischen" Juffer-Sonnenuhr Auslese gibt es eine Versteigerungsauslese, die die Nummer 10 trägt, dazu Goldkapsel-Auslese und in manchen Jahren gibt es sogar eine Lange Goldkapsel Auslese aus der Juffer-Sonnenuhr. Schon die reguläre Auslese ist großartig, besitzt viel Frische und Eleganz, viel Harmonie und Grip, hat in den jüngsten Jahrgängen an Präzision gewonnen.

GEMEINDE ⇨ BRAUNEBERG

Juffer-Sonnenuhr
Riesling Auslese #10
Weingut Fritz Haag

Die Brauneberger Juffer-Sonnenuhr liegt gegenüber von Brauneberg am linken Moselufer, direkt am Fluss, ist an den anderen drei Seiten von der Einzellage Brauneberger Juffer umgeben. Sie hat ihren Namen von einer Sonnenuhr, von denen man entlang der Mosel mehrere findet; am Fuße der Lage befindet sich eine römische Kelter – also haben schon die Römer hier Wein angebaut. Die 10,6 Hektar große Lage ist süd-südost-exponiert, die Reben wachsen in 112 bis 157 Meter Höhe, der Boden besteht aus blau-grauem Schiefer mit hohem Eisengehalt.

Die Auslese mit der Nummer 10 aus der Juffer-Sonnenuhr kommt wie die Spätlese mit der Nummer 14 jedes Jahr in Trier bei der jährlichen Versteigerung des Großen Rings, also des VDP Mosel-Saar-Ruwer, unter den Hammer. Anders als andere bei Versteigerungen angebotene Auslesen, die oft schon Beerenauslese-Charakter aufweisen, ist die Versteigerungsauslese von Oliver Haag immer frisch und elegant, faszinierend fein und komplex, oft der spannendste Riesling im Auslese-Reigen des Weingutes.

GEMEINDE 🍾 BRAUNEBERG

Juffer-Sonnenuhr
Riesling Auslese Goldkapsel
Weingut Fritz Haag

MOSEL

Die Brauneberger Juffer-Sonnenuhr liegt gegenüber von Brauneberg am linken Moselufer, direkt am Fluss, ist an den anderen drei Seiten von der Einzellage Brauneberger Juffer umgeben. Sie hat ihren Namen von einer Sonnenuhr, von denen man entlang der Mosel mehrere findet; am Fuße der Lage befindet sich eine römische Kelter – also haben schon die Römer hier Wein angebaut. Die 10,6 Hektar große Lage ist süd-südost-exponiert, die Reben wachsen in 112 bis 157 Meter Höhe, der Boden besteht aus blau-grauem Schiefer mit hohem Eisengehalt.

Die Goldkapsel-Auslese wird mit dem gleichen Etikett ausgestattet wie die „normale" Auslese, unterscheidet sich aber durch die goldene Kapsel – und natürlich durch eine unterschiedliche AP-Nummer auf dem Rückenetikett. Die Goldkapsel-Auslese aus der Juffer-Sonnenuhr wird fast in jedem Jahrgang erzeugt. Sie enthält einen größeren Anteil an edelfaulen Trauben als die „normale" Auslese, wodurch sie intensiver, konzentrierter und cremiger ist ohne aber ihre Leichtigkeit und Eleganz zu verlieren.

GEMEINDE 🍾 BRAUNEBERG

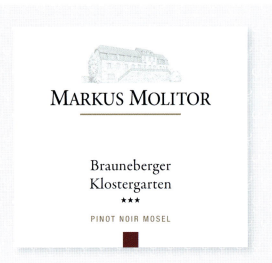

Klostergarten
Pinot Noir***
Weingut Markus Molitor

Zur Lage Klostergarten wurden 1971 mehrere Weinberge zusammengefasst, die südlich und südwestlich von Brauneberg liegen, am rechten Moselufer. Der Name Klostergarten rührt vom ehemaligen Franziskanerkloster Filzen her. Der etwa 50 Hektar große Klostergarten besitzt tiefgründige Böden mit einem hohen Anteil von feinsplittrigem Schiefer und guter Feinerdeauflage sowie sandigem Lehm. Die Reben wachsen in 165 bis 251 Meter Höhe und sind überwiegend nordwest-exponiert.

Die Trauben werden vollreif und kerngesund geerntet, meist fast vollständig entrappt und je nach Jahrgang vier bis sechs Wochen auf der Maische ausgebaut, der Wein wird mit den natürlichen Hefen vergoren. Anschließend werden die Trauben schonend auf der Korbpresse gekeltert und dann 18 bis 24 Monate in französischen Barriques ausgebaut. Markus Molitor erzeugt seit dem Jahrgang 2003 jeweils eine 2 Sterne- und eine 3 Sterne-Selektion. Letztere ist reintönig, präzise, druckvoll, manchmal karg, Erstere oft ein wenig zugänglicher – wobei beide auf Haltbarkeit vinifiziert sind.

GEMEINDE 🍾 GRAACH

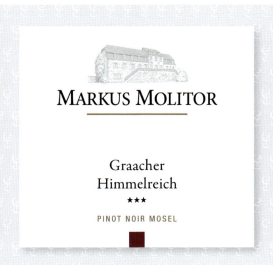

Himmelreich
Pinot Noir***
Weingut Markus Molitor

MOSEL

Die Lage Himmelreich ist eine recht große Einzellage am rechten Moselufer, die aus zwei räumlich voneinander (durch die Lage Domprobst) getrennten Teilen besteht: Der größere Teil liegt südöstlich von Graach und ist südwest-exponiert, der kleinere Teil liegt nordwestlich von Graach und ist südsüdwest-exponiert. Die Reben wachsen in einer Höhe von 109 (direkt an der Mosel) bis 324 Meter Höhe. Der Boden besteht aus leicht erwärmbaren Grau- und Blauschiefer, der Hang ist von Wasseradern durchzogen, die die Reben auch im Sommer gut mit Wasser versorgen.
1987 hat Markus Molitor eine 0,3 Hektar große Parzelle im Graacher Himmelreich mit Pinot Noir-Reben aus Burgund bepflanzt. Die Trauben werden vollreif und kerngesund geerntet, teilweise entrappt und je nach Jahrgang vier bis sechs Wochen auf der Maische ausgebaut, der Wein wird mit den natürlichen Hefen vergoren. Anschließend werden die Trauben schonend auf der Korbpresse gekeltert und dann 18 bis 24 Monate in französischen Barriques ausgebaut. Anders als beim Klostergarten gibt es nur einen Himmelreich-Pinot Noir.

GEMEINDE 🍾 LIESER

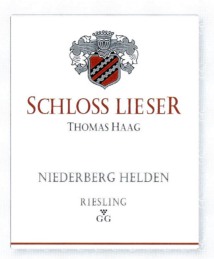

Niederberg-Helden
Riesling „GG"
Weingut Schloss Lieser

Die Lage Niederberg-Helden liegt unmittelbar östlich von Lieser direkt an der Mosel, besitzt eine Hangneigung bis 40 Prozent. Die Reben wachsen auf blauem Devonschiefer mit hohem Feinerdeanteil in einer Höhe von 112 bis 261 Meter, die Lage ist süd-südwest-exponiert. Als 1971 die Weinberge östlich von Lieser zusammengelegt wurden wählte man die Zusammensetzung der beiden bekanntesten Lieserer Lagen – Niederberg und Helden – als neuen Einzellagennamen.

Thomas Haag besitzt in der Lage bis zu 120 Jahre alte Reben. Das Große Gewächs Niederberg-Helden wird, wie alle Weine von Thomas Haag, spontanvergoren, dann im Edelstahl ausgebaut. 2009 wurden die beiden ersten Großen Gewächse erzeugt, aus Niederberg-Helden und aus der Brauneberger Juffer-Sonnenuhr, inzwischen hat Thomas Haag sein Großes Gewächs-Portfolio stark erweitert. War Schloss Lieser bis dahin vor allem für süße und edelsüße Rieslinge bekannt, setzt man seither auch bei trockenen Weinen Maßstäbe für die Mittelmosel, der Wein setzt seit jeher auf Präzision und Mineralität.

GEMEINDE 🍾 LIESER

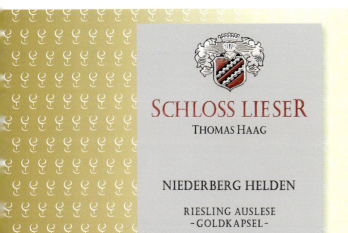

Niederberg-Helden
Riesling Auslese Goldkapsel
Weingut Schloss Lieser

Die Lage Niederberg-Helden liegt unmittelbar östlich von Lieser direkt an der Mosel, besitzt eine Hangneigung bis 40 Prozent. Die Reben wachsen auf blauem Devonschiefer mit hohem Feinerdeanteil in einer Höhe von 112 bis 261 Meter, die Lage ist süd-südwest-exponiert. Als 1971 die Weinberge östlich von Lieser zusammengelegt wurden wählte man die Zusammensetzung der beiden bekanntesten Lieserer Lagen – Niederberg und Helden – als neuen Einzellagennamen.

Schon lange gibt es neben der klassischen Auslese aus dem Niederberg-Helden auch eine Goldkapsel-Variante, die in den allermeisten Jahren erzeugt wird; darüber hinaus erzeugt Thomas Haag in manchen Jahren auch eine Auslese Lange Goldkapsel aus der Lage, diese allerdings weniger regelmäßig. Der Wein wird spontanvergoren und im Edelstahl ausgebaut. Auslesen spielen nach wie vor eine sehr wichtige Rolle bei Schloss Lieser, die klassische Niederberg-Helden Auslese ist verspielt, lebendig und elegant, was auch für die etwas konzentriertere, intensivere Goldkapsel-Variante gilt.

GEMEINDE 🍾 LONGUICH

MOSEL

Maximin Herrenberg
Riesling „1896"
Weingut Carl Loewen

Der Maximiner Herrenberg liegt gegenüber von Longuich am linken Moselufer, im unteren Teil des Hanges (der obere Teil bildet die Einzellage Herrenberg, die auf Schweicher Gemarkung liegt), ist südwest-exponiert, die Reben wachsen in 127 bis 209 Meter Höhe. Der Weinberg wurde 1896 vom Weingut Carl Schmitt-Wagner mit wurzelechten Rieslingreben bepflanzt; der Boden besteht aus rotem Schiefer. Es gibt wohl weltweit keinen anderen so alten Weinberg in dieser Größe. Die jüngeren, 1902 gepflanzten Reben werden für das Große Gewächs genutzt.

Der Wein wird wie alle Weine des Weingutes mit den natürlichen Hefen vergoren, er wird über Nacht auf einer Korbkelter gepresst, vergärt dann ohne Sedimentation und ohne Temperaturkontrolle in alten Fuderfässern, weitestgehend natürlich, so, wie man es vor 100 Jahren gemacht hat. Der Weinberg wird seit 2008 für einen trockenen Wein genutzt, seit 2012 gibt es zusätzlich auch die halbtrocken ausgebaute Variante, die schlicht die Zahl 1896 auf dem Etikett zeigt, noch etwas betörender ist als der trockene 1896.

GEMEINDE 🍾 OCKFEN

Bockstein
Riesling Auslese
Weingut Nik Weis

Der Bockstein liegt in einem Seitental der Saar am Ockfener Bach. Er umschließt wie ein Amphitheater den Ort Ockfen. Die 56 Hektar große Lage weist eine Hangneigung von bis zu 51 Prozent auf und ist überwiegend süd-südwest-exponiert. Der Boden besteht aus groben, geröllartigen Devonschiefer und Grauwackeverwitterung, die mit ihrer dunklen Farbe die Sonnenwärme speichern; der bewaldete Bergkamm schützt vor Fallwinden. Das Königreich Preußen hatte Ende des 19. Jahrhundert in Ockfen eine staatliche Domäne mit 14 Hektar Reben etabliert.
Nik Weis besitzt 10 Hektar Reben im Bockstein, größtenteils im Original-Bockstein in Parzellen wie Zickelgarten, Auf der Nauwies und Oberst Bockstein. Die Riesling Auslese von Nik Weis stammt aus dem östlichen Teil der 1971 erweiterten Einzellage, sie stammt von 40 bis 60 Jahre alten Reben, die in Einzelpfahlerziehung stehen. Der Wein wird spontanvergoren und teils im Edelstahl, teils im Fuder ausgebaut. Die Bockstein-Auslese ist seit den neunziger Jahren ein fester Bestandteil des Sortiments, wird in fast jedem Jahr erzeugt.

GEMEINDE 🍷 PIESPORT

Goldtröpfchen
Riesling
Weingut Julian Haart

Zur Einzellage Goldtröpfchen wurden 1971 eine Vielzahl von Weinbergen am Piesporter Hang zusammengefasst, Weinberge direkt am Moselufer, aber auch im mittleren Teil des Hanges. Das 69 Hektar große Goldtröpfchen liegt wie ein Amphitheater an der äußeren Schleife der Mosel, die Piesport umfließt. Die Reben wachsen in teilweise recht steilen Weinbergen in 115 bis 267 Meter Höhe, die Lage ist teils südost-exponiert, teils süd- und südwest-exponiert. Die Reben wachsen auf tiefgründigen, stark verwitterten dunklen Devonschieferböden, die mit Quarz und Mineralien durchsetzt sind.
Im Jahr 2010 hat Julian Haart sein eigenes Weingut gegründet, seit 2011 besitzt er Reben im Piesporter Goldtröpfchen, und seit diesem Jahr gibt es seinen Goldtröpfchen-Lagenriesling, wobei Julian Haart auch Kabinett, Spätlese und Auslese aus dem Goldtröpfchen erzeugt. Der Lagenriesling wies in den ersten Jahren eine merkliche Restsüße auf, ist seither aber deutlich trockener und präziser geworden. Die Trauben werden schonend auf einer Korbkelter gepresst.

GEMEINDE — PIESPORT

Goldtröpfchen
Riesling Auslese
Weingut Nik Weis

Zur Einzellage Goldtröpfchen wurden 1971 eine Vielzahl von Weinbergen am Piesporter Hang zusammengefasst, Weinberge direkt am Moselufer, aber auch im mittleren Teil des Hanges. Das 69 Hektar große Goldtröpfchen liegt wie ein Amphitheater an der äußeren Schleife der Mosel, die Piesport umfließt. Die Reben wachsen in teilweise recht steilen Weinbergen in 115 bis 267 Meter Höhe, die Lage ist teils südost-exponiert, teils süd- und südwest-exponiert. Die Reben wachsen auf tiefgründigen, stark verwitterten dunklen Devonschieferböden, die mit Quarz und Mineralien durchsetzt sind.

Nik Weis besitzt Weinberge in zwei nicht flurbereinigten Teilen des Goldtröpfchens mit 40 bis 100 Jahre alten Reben, die in Einzelpfahlerziehung auf Terrassen stehen. Lange Zeit hat Nik Weis ausschließlich restsüße Rieslinge aus dem Goldtröpfchen erzeugt, erst seit 2018 gibt es auch ein Großes Gewächs, Aushängeschild ist aber nach wie vor die Auslese, die fast jedes Jahr erzeugt wird. Der Wein wird spontanvergoren und teilweise im Edelstahl, teilweise im klassischen Fuder ausgebaut.

GEMEINDE 🍾 PÜNDERICH

„Fahrlay" Marienburg Riesling „GG"
Weingut Clemens Busch

Die Lage Marienburg liegt gegenüber von Pünderich am linken Moselufer in einer Moselschleife, wodurch auf kleinem Raum die Mikroklimata wechseln, und auch die Bodenvielfalt ist groß, reicht von grauem Schieferverwitterungsboden über Blauschiefer bis hin zum eher seltenen roten Schiefer. Die Lage Marienburg ist nach dem Augustinerinnenkloster benannt, der sie zu Füßen liegt. Die Reben wachsen in einer Höhe von 96 bis 245 Meter, wobei gerade im oberen Teil einige Flächen brachliegen. Die Lage am linken Moselufer ist im östlichen Teil südwest-, im westlichen Teil südost-exponiert. Die Fahrlay liegt direkt gegenüber der Pünderichter Fähranlagestelle. Die Fahrlay ist die einzige Lage innerhalb der Einzellage Marienburg, in der blauer Schiefer dominiert, der wesentlich härter ist als grauer oder roter Schiefer; der Steinanteil ist sehr hoch. Die Fahrlay wird biologisch und biodynamisch bewirtschaftet und schon seit mehr als zwei Jahrzehnten von Clemens Busch gesondert ausgebaut, seit dem Jahrgang 2009 wird sie als Großes Gewächs bezeichnet.

GEMEINDE 🍾 PÜNDERICH

„Fahrlay Terrassen" Marienburg Riesling „GG"
Weingut Clemens Busch

Die Lage Marienburg liegt gegenüber von Pünderich am linken Moselufer in einer Moselschleife, wodurch auf kleinem Raum die Mikroklimata wechseln, und auch die Bodenvielfalt ist groß, reicht von grauem Schieferverwitterungsboden über Blauschiefer bis hin zum eher seltenen roten Schiefer. Die Lage Marienburg ist nach dem Augustinerinnenkloster benannt, der sie zu Füßen liegt. Die Reben wachsen in einer Höhe von 96 bis 245 Meter, wobei gerade im oberen Teil einige Flächen brachliegen. Die Lage am linken Moselufer ist im östlichen Teil südwest-, im westlichen Teil südost-exponiert. Die Fahrlay-Terrassen sind der Teil der Fahrlay mit den ältesten, 110 Jahre alten Reben. Wie die Fahrlay und alle Weinberge von Clemens Busch werden auch die Fahrlay-Terrassen biologisch und biodynamisch bewirtschaftet, alle Weine werden spontanvergoren und in Eichenholzfässern lange auf der Hefe ausgebaut. Die Fahrlay-Terrassen werden seit mehr als zwei Jahrzehnten gesondert ausgebaut und in den letzten Jahren meist als Großes Gewächs angeboten.

GEMEINDE 🍾 PÜNDERICH

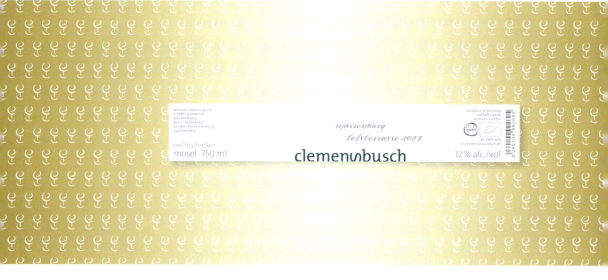

„Felsterrasse" Marienburg
Riesling trocken
Weingut Clemens Busch

Die Lage Marienburg liegt gegenüber von Pünderich am linken Moselufer in einer Moselschleife, wodurch auf kleinem Raum die Mikroklimata wechseln, und auch die Bodenvielfalt ist groß, reicht von grauem Schieferverwitterungsboden über Blauschiefer bis hin zum eher seltenen roten Schiefer. Die Lage Marienburg ist nach dem Augustinerinnenkloster benannt, der sie zu Füßen liegt. Die Reben wachsen in einer Höhe von 96 bis 245 Meter, wobei gerade im oberen Teil einige Flächen brachliegen. Die Lage am linken Moselufer ist im östlichen Teil südwest-, im westlichen Teil südost-exponiert. Die Felsterrasse ist ein Teilbereich der Falkenlay. Die Terrassenlage Falkenlay liegt zwischen Fahrlay und Rothenpfad, der Boden besteht aus tiefgründigem grauem Schiefer. Die Lage ist vor den kühlen Winden aus dem östlichen Bergsattel geschützt, so dass die Trauben eine hohe Reife erreichen. Der hellgraue Schiefer in der Felsterrasse ist von eisenhaltigen Schichten durchzogen und weniger verwittert als in den angrenzenden Bereichen. Ein grandioser Wein – der viel Zeit braucht.

MOSEL

GEMEINDE 🍾 PÜNDERICH

„Raffes" Marienburg
Riesling trocken
Weingut Clemens Busch

Die Lage Marienburg liegt gegenüber von Pünderich am linken Moselufer in einer Moselschleife, wodurch auf kleinem Raum die Mikroklimata wechseln, und auch die Bodenvielfalt ist groß, reicht von grauem Schieferverwitterungsboden über Blauschiefer bis hin zum eher seltenen roten Schiefer. Die Lage Marienburg ist nach dem Augustinerinnenkloster benannt, der sie zu Füßen liegt. Die Reben wachsen in einer Höhe von 96 bis 245 Meter, wobei gerade im oberen Teil einige Flächen brachliegen. Die Lage am linken Moselufer ist im östlichen Teil südwest-, im westlichen Teil südost-exponiert. Raffes ist ein Teilbereich der Falkenlay, in der Katasterlage Raffes wachsen Clemens Buschs älteste Reben innerhalb der Falkenlay. Die Terrassenlage Falkenlay liegt zwischen Fahrlay und Rothenpfad, der Boden besteht aus tiefgründigem grauem Schiefer. Die Lage ist vor den kühlen Winden aus dem östlichen Bergsattel geschützt, so dass die Trauben eine hohe Reife erreichen. Der Raffes ist konzentriert, dominant, enorm würzig und eindringlich, mineralisch, in der Jugend verschlossen.

GEMEINDE – THÖRNICH

Ritsch
Riesling trocken „GG"
Weingut Carl Loewen

Die Lage Ritsch liegt am linken Moselufer, gegenüber von Thörnich, umfasst die Weinberge von der Gemarkungsgrenze zu Klüsserath im Osten bis zur Gewanne Schneidersberg weiter westlich im Tal des Kahlbachs, eines Nebenflusses der Mosel. Den Namen erhielt die Lage, weil immer wieder Felsen ins Tal rutschen (in den Steuerkarten des 19. Jahrhunderts wird die Lage noch als „Rütsch" bezeichnet). Die Ritsch ist eine extreme Steillage, im Kernbereich süd-exponiert, nicht flurbereinigt, die Reben wachsen in 121 bis 260 Meter Höhe auf kargem grauen Schiefer mit Quarziteinschlüssen.

Das Große Gewächs von Christopher Loewen stammt von alten, teils wurzelechten Reben, die in Einzelpfahlerziehung wachsen. Der Wein wird nach Ganztraubenpressung ohne Temperatursteuerung spontanvergoren und sechs Monate auf der Vollhefe im traditionellen Fuder ausgebaut. Das Weingut Carl Loewen besitzt schon lange Reben in der Thörnicher Ritsch, hat davon aber lange Zeit nur süße und edelsüße Weine erzeugt. Seit 2010 gibt es das Große Gewächs aus der Ritsch.

GEMEINDE ⌁ TRITTENHEIM

Apotheke
Riesling trocken
Weingut Ansgar Clüsserath

Zur Lage Trittenheimer Apotheke wurden 1971 alle Weinberge gegenüber von Trittenheim am rechten Moselufer, sowie einige Weinberge südlich von Trittenheim am linken Moselufer zusammengefasst. Die Weinberge am rechten Moselufer sind sehr steil, west-exponiert, der steinige Boden besteht aus grau-blauem Schiefer, die Reben wachsen in 117 (am Fluss) bis 361 Meter Höhe. Der Name Apotheke rührt wohl daher, dass die Abtei St. Matthias in Trier Weinberge in der Lage besaß, und das „aptig", dem Abt gehörend, zum ähnlich klingenden Wort Apotheke wurde.

Der trockene Apotheke-Riesling von Eva Clüsserath-Wittmann stammt von fast 100 Jahre alten wurzelechten Reben, die in Einzelpfahlerziehung wachsen. Der Wein wird mit den natürlichen Hefen vergoren und im klassischen Moselfuder ausgebaut, er bleibt bis zur Füllung im Juli oder August nach der Ernte auf der Hefe. Ansgar Clüsserath-Rieslinge sind auf Haltbarkeit vinifiziert; der Apotheke-Riesling ist jung oft verschlossen, hefegeprägt, präzise, zupackend, leicht mineralisch.

GEMEINDE 🍾 TRITTENHEIM

Apotheke
„Alte Reben" Riesling Auslese
Weingut Loersch

Zur Lage Trittenheimer Apotheke wurden 1971 alle Weinberge gegenüber von Trittenheim am rechten Moselufer, sowie einige Weinberge südlich von Trittenheim am linken Moselufer zusammengefasst. Die Weinberge am rechten Moselufer sind sehr steil, west-exponiert, der steinige Boden besteht aus grau-blauem Schiefer, die Reben wachsen in 117 (am Fluss) bis 361 Meter Höhe. Der Name Apotheke rührt wohl daher, dass die Abtei St. Matthias in Trier Weinberge in der Lage besaß, und das „aptig", dem Abt gehörend, zum ähnlich klingenden Wort Apotheke wurde.

Alexander Loerschs Riesling Auslese Alte Reben stammt von bis zu 100 Jahre alten Reben in der Trittenheimer Apotheke. Er besitzt Parzellen in verschiedenen Teilen der Apotheke, und während er diese für seine trockenen oder halbtrockenen Weine gesondert ausbaut, ist die Auslese eine Selektion aus verschiedenen Parzellen und Teillagen, mit teils rosinierten Beeren. Der Wein wird spontanvergoren, im Edelstahl ausgebaut und bereits im Frühjahr nach der Ernte gefüllt – und in den meisten Jahren erzeugt.

GEMEINDE 🍾 TRITTENHEIM

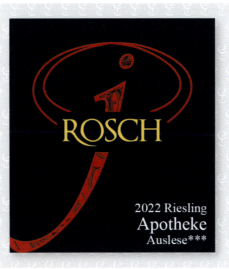

Apotheke
Riesling Auslese***
Weingut Josef Rosch

Zur Lage Trittenheimer Apotheke wurden 1971 alle Weinberge gegenüber von Trittenheim am rechten Moselufer, sowie einige Weinberge südlich von Trittenheim am linken Moselufer zusammengefasst. Die Weinberge am rechten Moselufer sind sehr steil, west-exponiert, der steinige Boden besteht aus grau-blauem Schiefer, die Reben wachsen in 117 (am Fluss) bis 361 Meter Höhe. Der Name Apotheke rührt wohl daher, dass die Abtei St. Matthias in Trier Weinberge in der Lage besaß, und das „aptig", dem Abt gehörend, zum ähnlich klingenden Wort Apotheke wurde.

Die Weinberge, die Nico Rosch in der Trittenheimer Apotheke besitzt, liegen vor allem am Laurentiusberg, also am linken Moselufer, südwestlich von Trittenheim. Edelsüße Rieslinge spielen nach wie vor eine wichtige Rolle im Betrieb, auch wenn trockene Weine wie überall an der Mosel immer wichtiger geworden sind. Alle Weine werden spontanvergoren. Die 3 Sterne-Auslese aus der Apotheke wird fast in allen Jahrgängen erzeugt, sie besitzt bei aller Konzentration und Intensität immer Finesse, Grip und Länge.

GEMEINDE 🍷 WEHLEN

Sonnenuhr
Riesling Auslese***
Weingut Markus Molitor

Die Wehlener Sonnenuhr erstreckt sich am rechten Moselufer, gegenüber von Wehlen, ist südwest-exponiert. Die Reben wachsen in 109 bis 273 Meter Höhe. Die Reben wachsen auf mittelgründigen, grau-blauen Devonschieferverwitterungsböden. In der sehr steilen, 46 Hektar großen Lage wird fast ausschließlich Riesling angebaut, die Reben wachsen größtenteils in Einzelpfahlerziehung. Benannt ist die Lage nach der 1842 inmitten der Weinberge errichteten Sonnenuhr.

Die Paradelage von Markus Molitor ist seit jeher die Zeltinger Sonnenuhr, aber auch in der benachbarten Wehlener Sonnenuhr ist er schon seit den neunziger Jahren vertreten. Wie in der Zeltinger Sonnenuhr erzeugt er eine Vielzahl von Weinen, trockene Spät- und Auslesen, süßen Kabinett und süße Spätlese sowie eine breite Palette an edelsüßen Weinen bis hin zu Trockenbeerenauslesen. Letztere werden in unregelmäßigen Abständen erzeugt, aber die großartige 3 Sterne-Auslese gibt es fast jedes Jahr, und sie ist bei aller Konzentration immer faszinierend reintönig und komplex.

GEMEINDE 🍾 WINTRICH

Ohligsberg
Riesling
Weingut Julian Haart

MOSEL

Der Ohligsberg liegt südlich von Wintrich, direkt an der Mosel, am rechten Ufer, ist eine Steillage mit einer Hangneigung von bis zu 58 Prozent. Die Reben wachsen in 116 bis 208 Meter Höhe auf grau-blauem Schieferverwitterungsboden, der teilweise von Quarzitadern durchzogen ist. Die 7 Hektar große Lage ist west-exponiert, im südlichsten Teil am eigentlichen Ohligsberg südwest-exponiert, durch die Flussnähe und den dunklen Boden wird die Wärme sehr gut gespeichert. Der Name geht auf eine „zum Ölberg" genannte Kapelle zurück.

Im Jahr 2010 hat Julian Haart sein eigenes Weingut gegründet mit dem Kauf einer Parzelle mit 40 Jahre alten Reben im Ohligsberg. Der Lagen-Riesling aus dem Ohligsberg wies in den ersten Jahren eine merkliche Restsüße auf, ist seither aber deutlich trockener und puristischer geworden. Die Trauben werden schonend auf einer Korbkelter gepresst. Neben seinem trockenen Lagen-Riesling erzeugt Julian Haart auch Kabinett, Spätlese und Auslese aus dem Ohligsberg.

GEMEINDE ZELTINGEN

Rotlay
Riesling
Weingut Selbach-Oster

Die Rotlay (auch: Rothlay) liegt südöstlich von Zeltingen, im mittleren Teil des Hanges, ist seit 1971 Teil der Einzellage Zeltinger Sonnenuhr. Rotlay wurde als kleinere geografische Einheit in die Lagenrolle eingetragen. Die Rotlay liegt wie in einem Kessel zwischen massiven Felsvorsprüngen, so dass sich die Wärme hier staut. Sie ist sehr steil, süd-exponiert, ist an den Seiten offen, wo sie in die benachbarten Lagen Kakert und In der Lehnschaft übergeht. Der Boden ist sehr steinig und mit großen Brocken von Devonschiefer bedeckt.

Das Weingut Selbach-Oster erzeugt seit 2004 einen Riesling Rotlay, meist als Auslese. Der Wein stammt von alten Reben, die in Einzelpfahlerziehung stehen. Der komplette Weinberg wird in einem Lesedurchgang geerntet, gesunde Beeren also zusammen mit botrytisierten Beeren, deren Anteil je nach Jahrgang variiert. Der Wein wird spontanvergoren und im traditionellen Fuder ausgebaut. Die Rotlay-Auslese ist immer recht cremig und saftig, besitzt viel Substanz, Spiel und Länge.

GEMEINDE ⟜ ZELTINGEN

Sonnenuhr
Riesling Auslese**
Weingut Markus Molitor

Die Zeltinger Sonnenuhr ist die größte aller Sonnenuhren in deutschen Weinbergen, 1620 bereits wurde sie errichtet, ist damit die älteste Sonnenuhr an der Mosel, sie gab der Lage den Namen. Die gut 20 Hektar große Zeltinger Sonnenuhr liegt direkt an der Mosel und ist süd-südwest-exponiert, die Reben wachsen in 109 bis 233 Meter Höhe auf sehr steinigem aber überwiegend leichten blauen Devonschieferböden. In der zum größten Teil nicht flurbereinigten Lage findet man noch viele alte Weinberge mit wurzelechten Reben.

Markus Molitor besitzt bis zu 100 Jahre alte wurzelechte Reben in der Zeltinger Sonnenuhr, in der er der größte Anteilseigner ist, und aus der er eine breite Palette an trockenen, feinherben und süßen Rieslingen erzeugt. Die trockenen Spitzenrieslinge stammen aus der lokal Schießwingert genannten Teillage. In vielen Jahrgängen gibt es auch eine 3 Sterne-Auslese, die trockene 2 Sterne-Auslese aber wird praktisch jedes Jahr erzeugt und ist jedes Jahr enorm stoffig, konzentriert, druckvoll und nachhaltig.

GEMEINDE ⌁ ZELTINGEN

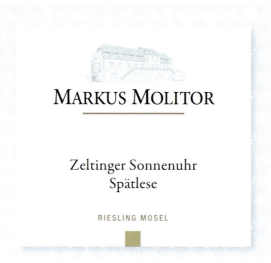

Sonnenuhr
Riesling Spätlese
Weingut Markus Molitor

Die Zeltinger Sonnenuhr ist die größte aller Sonnenuhren in deutschen Weinbergen, 1620 bereits wurde sie errichtet, ist damit die älteste Sonnenuhr an der Mosel, sie gab der Lage den Namen. Die gut 20 Hektar große Zeltinger Sonnenuhr liegt direkt an der Mosel und ist süd-südwest-exponiert, die Reben wachsen in 109 bis 233 Meter Höhe auf sehr steinigem aber überwiegend leichten blauen Devonschieferböden. In der zum größten Teil nicht flurbereinigten Lage findet man noch viele alte Weinberge mit wurzelechten Reben.

In der Zeltinger Sonnenuhr zieht Markus Molitor alle Register seines Könnens, er erzeugt trockene, halbtrockene und auch süße und edelsüße Rieslinge. Die Spätlese mit der goldenen Kapsel – goldene Kapseln kennzeichnen bei Markus Molitor süße und edelsüße Rieslinge – besteht aus 100 Prozent gesunden Trauben, die sanft gemahlen und mehrere Stunden maceriert werden, der Wein wird langsam und kühl mit den natürlichen Hefen vergoren und lange im Edelstahl auf der Feinhefe ausgebaut.

GEMEINDE 🍷 ZELTINGEN

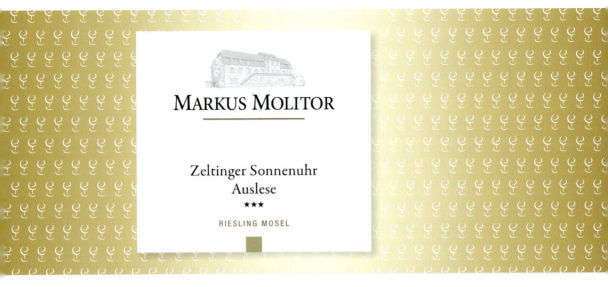

Sonnenuhr
Riesling Auslese***
Weingut Markus Molitor

Die Zeltinger Sonnenuhr ist die größte aller Sonnenuhren in deutschen Weinbergen, 1620 bereits wurde sie errichtet, ist damit die älteste Sonnenuhr an der Mosel, sie gab der Lage den Namen. Die gut 20 Hektar große Zeltinger Sonnenuhr liegt direkt an der Mosel und ist süd-südwest-exponiert, die Reben wachsen in 109 bis 233 Meter Höhe auf sehr steinigem aber überwiegend leichten blauen Devonschieferböden. In der zum größten Teil nicht flurbereinigten Lage findet man noch viele alte Weinberge mit wurzelechten Reben.

Markus Molitor kennzeichnet seine Auslesen mit bis zu drei Sternen, und zwar sowohl trockene als auch feinherbe und süße Riesling Auslesen. Die süße 3 Sterne-Auslese ist an der goldenen Kapsel und dem goldenen Quadrat auf dem Etikett erkennbar. Sie wird spontanvergoren und im Edelstahl ausgebaut, sie bildet die Spitze des süßen Auslese Segments, wobei sie im letzten Jahrzehnt starke betriebsinterne Konkurrenz durch die 3 Sterne-Auslese aus der benachbarten Wehlener Sonnenuhr erhalten hat.

Nahe

Es ist schon erstaunlich, welchen Aufschwung die Weine von der Nahe in den letzten drei Jahrzehnten genommen haben. Noch in den achtziger Jahren gab es nur eine Handvoll Erzeuger mit guten Qualitäten. Helmut Dönnhoff war dann der Erste, der große Weine erzeugt hat. Heute brauchen die Top-Weine von hier den Vergleich mit keinem anderen deutschen Anbaugebiet zu scheuen, die besten edelsüßen Rieslinge gehören ebenso wie die besten trockenen Rieslinge Jahr für Jahr zur Spitze in Deutschland. Wobei heute, zumindest in der Spitze, die trockenen Weine deutlich wichtiger sind als die süßen und edelsüßen.

Aber gibt es ein klares Profil? Weiß der Verbraucher, was einen Nahewein ausmacht? Es gibt unterschiedliche Böden: Rotliegendes, Lehm, Porphyr, Quarzit, Schiefer, Kies, Löss. Alles auf kleinstem Raum. Am Boden also kann man den Nahewein nicht festmachen. Aber an der Rebsorte: Riesling.

Aus Riesling werden die besten Naheweine gemacht, auch wenn Riesling noch gar nicht so lange auf Platz eins der Rebsortenstatistik steht und „nur" 29 Prozent der Rebfläche einnimmt. Aber es verwundert nicht, dass unter den großen Weinen der Nahe ausschließlich Riesling zu finden ist, mit dieser Rebsorte hat die Nahe sich bundesweit und auch im Ausland einen Namen gemacht. Auch wenn die Burgunder sich im letzten Jahrzehnt fest etabliert haben und stetig zugelegt haben, vor allem, aber nicht nur, an der „unteren" Nahe, beispielsweise in Windesheim; inzwischen nehmen Burgundersorten ein viertel der Rebfläche ein. Von der deutschen Spitze aber sind die Burgunder von der Nahe derzeit noch ein Stück entfernt.

Anders beim Riesling: Alle zehn hier vorgestellten Weine sind Rieslinge, wobei die trockenen Weine (acht) klar dominieren im Vergleich zu den süßen und edelsüßen (zwei). Was natürlich auch daran liegt, dass es heute viel schwieriger ist Jahr für Jahr hochklassige edelsüße Selektionen zu erzeugen, und beispielsweise Eisweine, mit denen früher so mancher Nahe-Erzeuger brilliert hat, zur Rarität geworden sind. Eine Reihe von Weinen hat die Auswahl hauchdünn verpasst, bei den edelsüßen Weinen deshalb, weil sie nicht mehr regelmäßig erzeugt werden. Aber auch die weiteren, knapp gescheiterten Kandidaten – waren ausschließlich Rieslinge.

GEMEINDE 🍷 BOCKENAU

Felseneck
Riesling „GG"
Weingut Schäfer-Fröhlich

Das Felseneck liegt in 250 bis 310 Meter Höhe in einem Talkessel des Ellerbachs, an der oberen Nahe, unmittelbar nördlich von Bockenau, über dem Hang am Wingertsberg liegt ein bewaldetes Hochplateau. Die 30 bis 70 Prozent steile Lage ist süd-exponiert, der Boden besteht hauptsächlich aus Oberrotliegendem der Waderner Schichten, man findet aber auch blauen Devonschiefer, Quarzit und Basaltgeröll. Der felsige Boden ist leicht erwärmbar und wasserdurchlässig.

Das Weingut Schäfer-Fröhlich hat aus seiner Paradelage schon immer auch trockenen Riesling erzeugt, auch wenn lange Zeit wie überall an der Nahe, süße und edelsüße Weine im Vordergrund standen. Seit 2004 gibt es das Große Gewächs Felseneck, das wie alle Spitzenweine von Tim Fröhlich spontanvergoren und in seiner Jugend von ausgeprägten Spontangärnoten geprägt ist, die sich nach einigen Jahren Flaschenreife verlieren. Der Felseneck-Riesling, der Primus inter Pares unter den sechs Großen Gewächsen des Weinguts, ist immer enorm stoffig, druckvoll und nachhaltig.

GEMEINDE 🍾 MONZINGEN

NAHE

Auf der Ley
Riesling „GG"
Weingut Emrich-Schönleber

Die Gewanne Auf der Ley liegt oberhalb des Halenberg, ist süd-südost-exponiert, die Steigung beträgt 40 bis 50 Prozent, der Boden besteht aus Blauschiefer, Quarzit und Kieselsteinen. Die Reben wachsen auf 200 bis 230 Meter Höhe, wobei trotz der für die Nahe relativ großen Höhe die Lage recht warm ist, weil die ausgeprägte Thermik die warmen Luftschichten nach oben trägt. Auf der Ley wurde 1971 ein Teil der Einzellage Halenberg, ist inzwischen aber wieder als kleinere geografische Einheit in die Lagenrolle eingetragen.

Das Monzinger Weingut Emrich-Schönleber besitzt in der Lage über 50 Jahre alte Reben und erzeugt seit 2009 einen Riesling aus der Lage, der ursprünglich die Bezeichnung „A.d.L." trug, seit dem Jahrgang 2014 als Großes Gewächs Auf der Ley bezeichnet wird; bereits 2004 gab es ein großartiges Großes Gewächs Lay Monzinger Halenberg. Der Riesling Auf der Ley wird nur als Versteigerungswein angeboten, er ist präzise und druckvoll, komplex, lang und nachhaltig, von erstaunlicher Konstanz.

GEMEINDE 🍾 MONZINGEN

Frühlingsplätzchen
Riesling „GG"
Weingut Emrich-Schönleber

NAHE

Das eigentliche Frühlingsplätzchen liegt unmittelbar westlich von Monzingen, wurde 1971 erweitert um alle weiteren westlich von Monzingen liegenden Weinberge, aber auch um die Weinberge östlich der Gemeinde mit Ausnahme des Halenberg. Das bis zu 70 Prozent steile Frühlingsplätzchen ist südwest- bis südost-exponiert. Der Boden besteht aus rotem Schiefer, rotem Lehm und Kieseln, teilweise durchsetzt mit Quarziten. Der Name rührt daher, dass die Lage die erste in Monzingen war, in der der Schnee geschmolzen ist.

Früher hatte das Weingut Emrich-Schönleber Riesling aus dem Frühlingsplätzchen für süße und edelsüße Weine genutzt, eine halbtrockene Spätlese aber auch trockenen Kabinett und eine trockene Spätlese erzeugt. 2004 gab es das erste Große Gewächs Frühlingsplätzchen, und seither war jeder Jahrgang hervorragend, auch wenn der Wein immer ein wenig im Schatten seines Kollegen aus dem Halenberg steht, der Wein ist präzise und druckvoll, sehr reintönig und mineralisch.

GEMEINDE 🍾 MONZINGEN

Halenberg
Riesling „GG"
Weingut Emrich-Schönleber

Der Halenberg ist ein 20 bis 70 Prozent steiler süd-südwest-exponierter Hang östlich von Monzingen, die Reben wachsen in 170 bis 220 Meter Höhe. Der Boden besteht aus den so genannten Waderner Schichten, einem steinigen Konglomerat aus verwittertem blaugrauem Schiefer und Quarzit, die sich schnell erwärmen. Im Sommer neigt die Lage zu Trockenheit, die Trauben sind dadurch kleinbeerig, aber durch die Trockenheit auch weniger fäulnisanfällig.

Das Weingut Emrich-Schönleber ist größter Anteilseigner am Halenberg, erzeugt aus der Lage seit jeher sowohl trockene als auch edelsüße Spitzen-Rieslinge. Der trockene Spitzenwein wurde früher meist mit Prädikatbezeichnung als Auslese trocken bezeichnet, trägt heute als Großes Gewächs keine Prädikatsbezeichnung mehr. Der Halenberg erbringt faszinierende Rieslinge, weist salzig-mineralische Noten auf, ist puristisch, druckvoll und enorm nachhaltig – und reift hervorragend, wie der Wein regelmäßig in Zehn-Jahres-Verkostungen bewiesen hat.

GEMEINDE 🍾 MONZINGEN

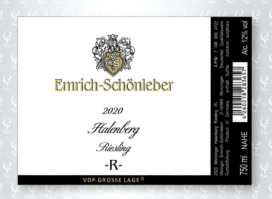

Halenberg
Riesling „R"
Weingut Emrich-Schönleber

NAHE

Der Halenberg ist ein 20 bis 70 Prozent steiler süd-südwest-exponierter Hang östlich von Monzingen, die Reben wachsen in 170 bis 220 Meter Höhe. Der Boden besteht aus den so genannten Waderner Schichten, einem steinigen Konglomerat aus verwittertem blaugrauem Schiefer und Quarzit, das sich schnell erwärmt. Im Sommer neigt die Lage zu Trockenheit, die Trauben sind dadurch kleinbeerig, aber durch die Trockenheit auch weniger fäulnisanfällig.

Der R vom Halenberg steht immer im Schatten des Großen Gewächses aus dieser Lage. Er wird länger im Fass ausgebaut und erhält mehr Restsüße. Er wurde erstmals 2005 erzeugt, ersetzte die Spätlese halbtrocken. Nach etwa 18 Monaten im Fass bleibt er weitere 30 Monate auf der Flasche bevor er in den Verkauf kommt. Die merkliche Süße, meist etwa 10 Gramm, bewirkt zusammen mit der längeren Reife, dass der R deutlich fülliger und üppiger daherkommt als das viel fokussiertere, druckvollere Große Gewächs, die mineralischen Komponenten treten in den Hintergrund.

GEMEINDE 🍾 NIEDERHAUSEN

NAHE

Hermannshöhle
Riesling „GG"
Weingut Hermann Dönnhoff

Die Böden der auch optisch markanten Lage — ein in einer Höhe von 130 bis 175 Meter süd- bis südwest-exponierter kegelförmiger Hügel in einer Biegung der Nahe direkt gegenüber Oberhausen — bestehen aus schwarzgrauer Schieferverwitterung, durchsetzt mit vulkanischem Eruptivgestein, Porphyr mit viel Feinerde, Kalkstein und steinig-grusigen Lehmen, der Gesteinsanteil ist sehr hoch. Das Weingut Dönnhoff besitzt den mit Abstand größten Anteil an der Lage.

Bis in die neunziger Jahre waren es ganz klar die süßen und edelsüßen Rieslinge, die den Ruhm der Hermannshöhle ausmachten, auch wenn in guten Jahrgängen das Weingut Dönnhoff immer auch eine trockene Spätlese erzeugt hat. Heute aber steht der trockene Wein, seit langem Großes Gewächs genannt, ganz im Vordergrund. Das Große Gewächs wird teils im Edelstahl und teils im Holz ausgebaut. Der Wein gehört Jahr für Jahr zu den großen Rieslingen Deutschlands, ist enorm stoffig und konzentriert, mineralisch, dabei saftig, in manchen Jahrgängen opulent — und reift hervorragend!

GEMEINDE 👉 NIEDERHAUSEN

Hermannshöhle
Riesling Spätlese
Weingut Hermann Dönnhoff

NAHE

Die Böden der auch optisch markanten Lage – ein in einer Höhe von 130 bis 175 Meter süd- bis südwest-exponierter kegelförmiger Hügel in einer Biegung der Nahe direkt gegenüber Oberhausen – bestehen aus schwarzgrauer Schieferverwitterung, durchsetzt mit vulkanischem Eruptivgestein, Porphyr mit viel Feinerde, Kalkstein und steinig-grusigen Lehmen, der Gesteinsanteil ist sehr hoch. Das Weingut Dönnhoff besitzt den mit Abstand größten Anteil an der Lage.

Das Weingut Dönnhoff besitzt in der Hermannshöhle bis zu 70 Jahre alte Reben. Lange bevor trockene Rieslinge an der Nahe immer wichtiger wurden, war die Hermannshöhle für süße und edelsüße Rieslinge berühmt und Spätlese und Auslese aus der Hermannshöhle waren die Aushängeschilder nicht nur des Weingutes sondern auch der gesamten Region. Die im Edelstahl ausgebaute Hermannshöhle-Spätlese ist ein Klassiker, sie besticht mit Eleganz und Finesse, mit Balance und Länge – und sie reift ganz hervorragend!

GEMEINDE ⇢ NORHEIM

Dellchen
Riesling „GG"
Weingut Hermann Dönnhoff

Das Dellchen ist eine steile süd- bis südwest-exponierte Lage westlich von Norheim, direkt an der Nahe, nur 3,14 Hektar groß; der Name bezieht sich auf die vielen Mulden im Hang, die lokal Dellchen genannt werden. Die Weinberge sind mit Trockenmauern terrassiert, der Boden besteht aus grauem Schiefer mit einer Porphyrauflage, durchmischt mit dem steinigen Verwitterungsmaterial, aber auch aus grusigem Lehm, die Reben wachsen in 140 bis 200 Meter Höhe.

Die Dönnhoff'schen Reben im Dellchen sind zwischen 15 und 45 Jahre alt. Früher gab es Dellchen-Riesling als trockene Spätlese, auch als halbtrockenen Kabinett und auch als der trockene Lagenriesling dann zum Großen Gewächs wurde, gab es anfangs noch eine restsüße Spätlese. Seit mehr als einem Jahrzehnt nun ist der trockene Dellchen-Riesling Jahr für Jahr großartig, machte dem lange Zeit unangefochtenen Großen Gewächs aus der Hermannshöhle ganz gewaltig viel Konkurrenz um die Krone des betriebsinternen Spitzenweins, ist präzise, komplex, druckvoll und nachhaltig.

GEMEINDE 🍾 SCHLOSSBÖCKELHEIM

Felsenberg
Riesling „GG"
Weingut Hermann Dönnhoff

Der südöstlich von Schlossböckelheim direkt an der Nahe in einem besonders engen Talabschnitt gelegene Felsenberg ist eine südwest-exponierte Steillage mit 50 bis 60 Prozent Neigung. Der Boden besteht aus einem Gestein vulkanischen Ursprungs, das als Ryolith bezeichnet wird und früher Quarzporphyr genannt wurde. Der Boden ist dunkel gefärbt, teils braun bis schwarz, teils rötlich; der Boden enthält Porphyr, steinig-grusigen Lehm und Feinerde.

Das Große Gewächs des Weinguts Dönnhoff stammt von 25 bis 40 Jahre alten Reben aus den steilen Parzellen beim Felsentürmchen. Der Wein wird teils im Edelstahl, teils im Holz vergoren und ausgebaut. Bis zum Jahrgang 2006 wurde der trockene Spitzenwein aus dem Felsenberg als Spätlese trocken bezeichnet, seither als Großes Gewächs. Ab und an gab es früher auch restsüße Spätlesen aus dem Felsenberg. Zwischenzeitlich war das Große Gewächs aus dem Felsenberg recht opulent, mit Anklängen an Tropenfrüchte; in den letzten Jahrgängen ist es präziser und druckvoller.

GEMEINDE 🍷 SCHLOSSBÖCKELHEIM

Kupfergrube
Riesling „GG"
Weingut Schäfer-Fröhlich

Die süd- bis südwest-exponierte, teilweise terrassierte Lage Kupfergrube liegt direkt an der Nahe unterhalb einer massiven vulkanischen Felswand. Die Lage ist bis zu 70 Prozent steil, der Boden besteht aus dunklem vulkanischen Porphyr- und Melaphyrverwitterungsboden mit hohem Feinerde- und Gesteinsanteil. Der Boden ist locker und wasserdurchlässig, was im Sommer zu Trockenheit führen kann. Der Name Kupfergrube rührt daher, dass hier früher Kupfer abgebaut wurde; 1914 legte die Preußische Staatsdomäne einen Versuchsweinberg hier an.
Seit dem Jahrgang 2005 besitzt Tim Fröhlich Weinberge in der Kupfergrube, in diesem ersten Jahrgang hat er eine trockene Spätlese und eine Auslese erzeugt. 2006 gab es dann zum ersten Mal ein großes Gewächs, und seither in jedem Jahrgang. Der Wein wird wie alle großen Rieslinge des Weinguts spontanvergoren, und intensive Spontangärnoten lassen ihn in seiner Jugend sehr verschlossen erscheinen, er braucht Zeit um sich zu entfalten, ist auf Haltbarkeit vinifiziert.

Pfalz

Die Pfalz ist nach Rheinhessen das zweitgrößte deutsche Anbaugebiet mit etwa einem Viertel der gesamten deutschen Rebfläche. Riesling nimmt ein Viertel der Rebfläche ein, es folgen Dornfelder, Grauburgunder, Spätburgunder, Müller-Thurgau, Weißburgunder, Portugieser, Chardonnay und Sauvignon Blanc.
Die Weine der Mittelhaardt waren lange Zeit für das Renommee der ganzen Region Pfalz maßgeblich. Von Herxheim über Kallstadt nach Bad Dürkheim und dann weiter über Wachenheim, Forst, Deidesheim und Ruppertsberg bis nach Neustadt reihen sich weltberühmte Weinorte und Lagen aneinander. Die Mittelhaardt und die Weingüter hier stehen für Riesling.
Die Südpfalz ist in den letzten Jahrzehnten immer mehr in den Fokus geraten, vor allem mit Spätburgunder und Weißburgunder, aber natürlich auch mit Riesling. Auch ganz im Norden der Pfalz im Leiningerland haben die Weingüter anfangs mit Spätburgunder für Aufsehen gesorgt, aber heute trumpfen sie auch mit Riesling auf.
Es ist überraschend zu sehen, dass nur 20 Weine die Auswahlkriterien für dieses Buch erfüllen. Allerdings: Wären wir bei den Kriterien etwas „großzügiger" gewesen bezüglich der Durchschnittsbewertungen der letzten zehn Jahrgänge, dann hätten deutlich mehr Pfälzer Weine diese Kriterien erfüllt, denn in der nächsten Kategorie, von uns intern Premier Cru genannt, findet sich mit 35 Weinen deutlich mehr Weine aus der Pfalz als aus jedem anderen deutschen Anbaugebiet. Zwölf der hier vorgestellten Pfälzer Weine, und damit 60 Prozent, sind Rieslinge, ausschließlich trockene Weine, denn edelsüß hat in der Pfalz schon lange an Bedeutung verloren. Hinzu kommen sechs Spätburgunder und zwei Weißburgunder.
Auch bei den 35 weiteren Weinen, die die Kriterien für diese Edition nur knapp verfehlt haben, dominiert Riesling vor Spätburgunder, hinzu kommen weitere Weißburgunder, aber auch drei Chardonnay und eine rote Cuvée. Chardonnay ist gerade wie überall in Deutschland im Aufschwung, und es scheint nur eine Frage der Zeit, bis der VDP Chardonnay für Große Gewächse in der Pfalz zulässt; bisher dürfen Große Gewächse ausschließlich aus den Rebsorten Riesling, Weißburgunder und Spätburgunder sein.

GEMEINDE 🍾 BIRKWEILER

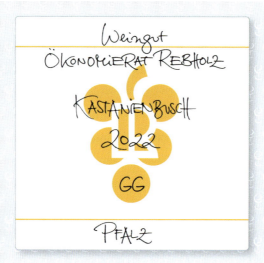

Kastanienbusch
Riesling „GG"
Weingut Rebholz

Der Kastanienbusch liegt in einem Talkessel westlich von Birkweiler in 180 bis 300 Meter Höhe, am Fuße des Hohenberg, dessen viele Kastanienbäume für den Lagennamen verantwortlich sind. Das Besondere am Kastanienbusch sind die unterschiedlichen Bodenarten, die man hier vorfindet, von eisenhaltigen, skelettreichen Schieferböden über Buntsandsteinverwitterungsböden bis hin zu kalkhaltigen Böden mit Kalkmergeleinlagerungen. Die Weinberge des Weingutes Rebholz werden biologisch bewirtschaftet, zertifiziert.
Das Weingut besitzt 3,5 Hektar Weinberge im Kastanienbusch. Der Wein wird nach kurzer Maischestandzeit im Edelstahl vergoren. Hansjörg Rebholz gehörte zu den ersten Winzern in Deutschland, die sich für Erste und Große Lagen ins Zeug legten, so dass sein Kastanienbusch-Riesling schon lange als Großes Gewächs firmiert. Früher war der Kastanienbusch-Riesling oft ein wenig üppiger, dann erst wieder im heißen Jahrgang 2018. Er ist relativ schlank und brilliert seit vielen Jahren mit Präzision, Druck und Grip, ist in seiner Jugend immer ein wenig zugeknöpft, reift hervorragend.

GEMEINDE 🍾 BIRKWEILER

Mandelberg
Weißburgunder „GG"
Weingut Dr. Wehrheim

Der Mandelberg liegt südlich von Birkweiler an einem relativ flachen Hang in 215 bis 280 Meter Höhe. Er ist ost-südost-exponiert, der Boden besteht aus Muschelkalk mit Lehm und Tonmergel und ist durchsetzt von kleineren und größeren weißen Kalksteinen, die für den hohen freien Kalkanteil im Boden verantwortlich sind. Das Weingut Dr. Wehrheim baut in der Lage ausschließlich Weißer Burgunder an, die Weinberge werden biologisch und biodynamisch bewirtschaftet, zertifiziert.

Die Trauben werden nach der Handlese auf einem Rüttelpult ein weiteres Mal sortiert, komplett entrappt, nach zweitägiger Sedimentation im Edelstahl kühl vergoren, der Wein bleibt bis April auf der Hefe, wird im Juli oder August abgefüllt. Karl-Heinz Wehrheim, der Vater des heutigen Besitzers Franz Wehrheim, gehörte zu den ersten Winzern in der Pfalz, die sich für Große Gewächse stark machten. Der Wehrheim-Weißer Burgunder zeigt exemplarisch, wie großartig diese Rebsorte auch ohne Ausbau im Holz sein kann – der 2002er präsentierte sich nach zwanzig Jahren noch in blendender Verfassung.

GEMEINDE ⌁ FORST

Jesuitengarten
Riesling „GG"
Weingut Georg Mosbacher

Der Jesuitengarten liegt westlich der Gemeinde Forst, steigt leicht nach Westen hin an. Im Süden grenzt der Jesuitengarten an die Lage Kirchenstück an, im Norden an die Lage Pechstein, im Westen an die Lage Ungeheuer. Der Lagenname geht auf den Jesuitenorden zurück, das Jesuitenkloster in Neustadt an der Weinstraße besaß Grundbesitz in Forst. Der Boden besteht aus sandigem Ton mit Kalk, sandigem Lehm mit Kalksteingeröll, aber auch aus Basaltverwitterung. Der Jesuitengarten ist ein recht flache Lage am Fuß des Forster Hangs.

In der knapp sieben Hektar großen Lage wird ausschließlich Riesling angebaut. Der Jesuitengarten-Riesling von Sabine Mosbacher-Düringer und Jürgen Düringer wird in Tonneaux vergoren und ausgebaut; die Weinberge werden seit 2012 biologisch bewirtschaftet, und 2012 war auch der erste Jahrgang des Großen Gewächses aus dem Jesuitengarten. Der Jesuitengarten-Riesling ist konzentriert, kraftvoll und komplex, deutlich vom Ausbau im Tonneau geprägt.

GEMEINDE 🗝 FORST

Kirchenstück
Riesling „GG"
Weingut Bassermann-Jordan

PFALZ

Das Kirchenstück liegt direkt am Ortsrand von Forst, hinter der Forster Kirche, ist eine recht Flache Lage ganz im unteren Teil des Forster Hanges in 120 bis 140 Meter Höhe, umgeben von einer kniehohen Sandsteinmauer. Obwohl die Lage recht klein ist, sind die Böden vielfältig. Die Reben wachsen auf tiefgründigem Boden, der zwischen sandigem Ton und Lehm wechselt und von Kalksteingeröll und Basaltadern durchzogen ist bei hoher Eisenkonzentration im Sandstein; darunter liegen eine Tonschicht und in zwei Meter Tiefe eine massive Kalkplatte.

Die Trauben werden in mehreren Lesedurchgängen geerntet. Der Wein wird nach dem Sedimentieren des Mostes spontanvergoren, jeweils zur Hälfte im Edelstahl und im Halbstückfass, er bleibt bis zum Filtrieren und Füllen im Juli auf der Vollhefe. Kirchenstück-Weine neigen dazu recht üppig auszufallen, mit recht hohem Alkohol, und das war früher bei Bassermann-Jordan sehr häufig der Fall und nicht immer für die Haltbarkeit von Vorteile. Die letzten Jahrgänge sind präziser, deutlich druckvoller und frischer.

GEMEINDE 🍾 FORST

PFALZ

Kirchenstück
Riesling „GG"
Weingut von Winning

Das Kirchenstück liegt direkt am Ortsrand von Forst, hinter der Forster Kirche, ist eine recht Flache Lage ganz im unteren Teil des Forster Hanges in 120 bis 140 Meter Höhe, umgeben von einer kniehohen Sandsteinmauer. Obwohl die Lage recht klein ist, sind die Böden vielfältig. Die Reben wachsen auf tiefgründigem Boden, der zwischen sandigem Ton und Lehm wechselt und von Kalksteingeröll und Basaltadern durchzogen ist bei hoher Eisenkonzentration im Sandstein; darunter liegen eine Tonschicht und in zwei Meter Tiefe eine massive Kalkplatte.

Das Weingut von Winning ist ein noch junges Weingut; zwar hat man das bestehende Weingut Dr. Deinhard übernommen, die Weine aber haben nichts mit den vorher erzeugten zu tun. Das Kirchenstück wird spontanvergoren und eineinhalb Jahre auf der Hefe in 500 Liter-Eichenholzfässern ausgebaut. Der Riesling Kirchenstück Großes Gewächs wurde erstmals im Jahrgang 2010 erzeugt, zeigt seither Konstanz auf hohem Niveau, ist jung oft etwas verschlossen, obwohl er heute erst im zweiten Jahr nach der Ernte auf den Markt kommt.

GEMEINDE ⚬ GIMMELDINGEN

Meerspinne
Riesling „GG"
Weingut Christmann

Die Lage Meerspinne wurde bereits 1456 als „Mersbin" im Zinsbuch vom Kloster Weißenburg erwähnt. Sie galt seit jeher als Top-Lage Gimmeldingens, was dazu führte, dass der Name Meerspinne zur Großlage und die eigentliche Einzellage ein Teil des Mandelgartens wurde. Seit 2015 ist die Meerspinne wieder als kleinere geographische Einheit in die Lagenrolle eingetragen. Die gut 7 Hektar große Meerspinne ist südost-exponiert, der Boden besteht aus einer Mischung aus Buntsandsteingeröll und kalkhaltigem Löss über massivem Kalk, die Reben wachsen in einer Höhe von 150 bis 170 Meter.
Das Weingut Christmann ist biologisch zertifiziert. Das Große Gewächs aus der Meerspinne gibt es seit dem Jahrgang 2000, wobei der Name Meerspinne erstmals 2015 auf dem Etikett erschien. Die Trauben werden nach kurzer Maischestandzeit schonend und langsam gepresst, nach kurzer Vorklärung im Edelstahl und im großen Eichenholzfass spontanvergoren. War der Wein in seinem ersten Jahrzehnt noch etwas fülliger und saftiger, so hat er seither deutlich an Präzision gewonnen, ist druckvoll und nachhaltig.

GEMEINDE ⌑ KALLSTADT

Saumagen
Riesling „GG"
Weingut Philipp Kuhn

Der Saumagen ist unter diesem Namen schon seit über 200 Jahren bekannt, woher der Name rührt ist umstritten; im deutschen Weingesetz 1971 wurde er als (wenn auch kleine) Großlage definiert mit den Einzellagen Nill, Kirchenstück und Horn. Es ist ein süd-südost-exponierter Hang mit bis zu 37 Prozent Steigung. Der Boden besteht vor allem aus tiefgründigem Lösslehm und Kalkmergel mit vielen kleinen Kalksteinchen im Oberboden und massivem Kalksteinfels im Unterboden; die Reben wachsen in 160 bis 200 Meter Höhe. Philipp Kuhn hat erstmals 2013 einen Lagenriesling aus dem Kallstadter Saumagen erzeugt, seit 2014 wird er als Großes Gewächs bezeichnet. Nach zwölfstündiger Maischestandzeit und Ganztraubenpressung erfolgt ein mehrwöchiges Fermentieren mit den natürlichen Hefen, dann lagert der Wein bis zur Abfüllung auf der Hefe im Edelstahl; der Wein stammt von sehr spät gelesenen Trauben. Der Saumagen-Riesling von Philipp Kuhn ist stoffig, kraftvoll und dominant, hat in den letzten Jahrgängen weiter an Präzision und Nachhaltigkeit zugelegt.

GEMEINDE 🍾 KALLSTADT

Saumagen
Riesling „GG"
Weingut Rings

Der Saumagen ist unter diesem Namen schon seit über 200 Jahren bekannt, woher der Name rührt ist umstritten; im deutschen Weingesetz 1971 wurde er als (wenn auch kleine) Großlage definiert mit den Einzellagen Nill, Kirchenstück und Horn. Es ist ein süd-südost-exponierter Hang mit bis zu 37 Prozent Steigung. Der Boden besteht vor allem aus tiefgründigem Lösslehm und Kalkmergel mit vielen kleinen Kalksteinchen im Oberboden und massivem Kalksteinfels im Unterboden; die Reben wachsen in 160 bis 200 Meter Höhe. Seit 2006 führen Steffen und Andreas Rings einen trockenen Riesling aus dem Saumagen im Programm, seit 2015, mit der Aufnahme in den VDP, wird er als Großes Gewächs bezeichnet. Die Trauben werden, teils als ganze Trauben und teils auch mit kurzer Maischestandzeit, schonend gepresst und mit den natürlichen Hefen vergoren, teils im Halbstück, teils im Edelstahl, sie bleiben zehn Monate auf der Hefe, werden spät geschwefelt und nicht geschönt. Der Saumagen-Riesling ist Jahr für Jahr druckvoll, mineralisch und enorm nachhaltig, vereint Frucht und Mineralität.

GEMEINDE 🍾 KALLSTADT

Saumagen
Spätburgunder „GG"
Weingut Rings

Der Saumagen ist unter diesem Namen schon seit über 200 Jahren bekannt, woher der Name rührt ist umstritten; im deutschen Weingesetz 1971 wurde er als (wenn auch kleine) Großlage definiert mit den Einzellagen Nill, Kirchenstück und Horn. Es ist ein süd-südost-exponierter Hang mit bis zu 37 Prozent Steigung. Der Boden besteht vor allem aus tiefgründigem Lösslehm und Kalkmergel mit vielen kleinen Kalksteinchen im Oberboden und massivem Kalksteinfels im Unterboden; die Reben wachsen in 160 bis 200 Meter Höhe. Der Spätburgunder aus dem Saumagen wird seit dem Jahrgang 2017 als Großes Gewächs bezeichnet. Die Trauben werden im Weinberg ein weiteres Mal sortiert und entrappt, kommen dann in Holzgärbottiche, mit einem Anteil ganzer Trauben, sie werden mit den natürlichen Hefen vergoren, in neuen und gebrauchten Barriques ausgebaut und unfiltriert abgefüllt. Der Saumagen-Spätburgunder von Steffen und Andreas Rings war schon immer hervorragend, hat aber in den letzten Jahrgängen weiter an Präzision und Komplexität zugelegt, besitzt faszinierende Frucht, Frische und Länge.

GEMEINDE 🍷 KÖNIGSBACH

Idig
Riesling „GG"
Weingut Christmann

In einer Urkunde aus dem Jahr 1346 wird erstmals ein „Weingarten im Idischen" in Königsbach als Hofkammergut der pfälzischen Kurfürsten erwähnt. Die Lage Königsbacher Idig ist knapp 7 Hektar groß, eine 4 Hektar große arrondierte Fläche gehört Steffen und Sophie Christmann, die ihre Weinberge biodynamisch bewirtschaften. Der Idig ist ein bis zu 20 Prozent steiler süd- bis südost-exponierter Hang in einer Kessellage, der Terra Fusca-Boden ist aus Kalk und Ton in Verbindung mit Buntsandsteingeröll entstanden, die Lage thront über einem mächtigen Kalksteinfels.
Steffen Christmann gehört zu den Pionieren in der Pfalz, die sich schon in den neunziger Jahren für eine Lagenklassifikation stark machten und ebenso lange gibt es seinen trockenen Spitzenriesling aus dem Idig als Großes Gewächs. Kein anderer Riesling aus der Pfalz zeigt schon seit mehr als zwei Jahrzehnten so konstant hervorragendes Niveau. Die Trauben werden nach 3 bis 6 Stunden Maischestandzeit schonend gepresst, spontanvergoren, der Wein bleibt bis zur Abfüllung auf der Feinhefe im großen Holzfass.

GEMEINDE 🖉 KÖNIGSBACH

Idig
Spätburgunder „GG"
Weingut Christmann

In einer Urkunde aus dem Jahr 1346 wird erstmals ein „Weingarten im Idischen" in Königsbach als Hofkammergut der pfälzischen Kurfürsten erwähnt. Die Lage Königsbacher Idig ist knapp 7 Hektar groß, eine 4 Hektar große arrondierte Fläche gehört Steffen und Sophie Christmann, die ihre Weinberge biodynamisch bewirtschaften. Der Idig ist ein bis zu 20 Prozent steiler süd- bis südost-exponierter Hang in einer Kessellage, der Terra Fusca-Boden ist aus Kalk und Ton in Verbindung mit Buntsandsteingeröll entstanden, die Lage thront über einem mächtigen Kalksteinfels.
Der Riesling aus dem Idig ist schon lange ein Klassiker, und lange gibt es auch schon einen Spätburgunder aus der Lage, der aber erst seit dem Einstieg von Tochter Sophie einen weiteren Schritt nach vorne gemacht hat. Der Spätburgunder wächst in zwei 1977 gepflanzten Parzellen im oberen Teil des Idig, seit 2008 ergänzt um ein mit französischen sélections massales bepflanztes Stück. Er wird spontanvergoren, mit 10 Prozent Ganztrauben, und in zu 10 Prozent neuen Barriques ausgebaut.

GEMEINDE 👉 LAUMERSHEIM

Kirschgarten
Pinot Blanc „GG"
Weingut Philipp Kuhn

Der Kirschgarten umfasst die südwestlich von Laumersheim liegenden Weinberge, er ist südost-exponiert, besitzt eine Hangneigung bis 15 Prozent, der Boden besteht aus Lösslehm und Kalkmergel über massivem Kalksteinfels. Durch den Orlenberg im Westen werden Westwinde abgehalten, es fällt relativ wenig Regen. Die namensgebende Gewanne Im Kirschgarten liegt unmittelbar südwestlich vom Ort, das Grundstück gehörte ursprünglich dem Nonnenhof, einem Hof des Klosters Kirschgarten in Worms, die erste urkundliche Erwähnung „Im Kirschgarthen" stammt aus dem Jahr 1654. Schon in den neunziger Jahren hat Philipp Kuhn barriqueausgebauten Weißburgunder aus dem Kirschgarten erzeugt, seit 2007 wird er als Großes Gewächs bezeichnet, seit 2011 als Pinot Blanc. Die Trauben werden nach kurzer Maischestandzeit schonend gepresst, dann spontanvergoren und teils in gebrauchten, teils in neuen Barriques ausgebaut, mit Bâtonnage. Der Pinot Blanc kann und will den Barriqueausbau nicht verleugnen, er ist rauchig, kraftvoll, strukturiert und lang – etwas Flaschenreife tut ihm gut.

GEMEINDE 🍷 LAUMERSHEIM

Kirschgarten
Riesling „GG"
Weingut Philipp Kuhn

Der Kirschgarten umfasst die südwestlich von Laumersheim liegenden Weinberge, er ist südost-exponiert, besitzt eine Hangneigung bis 15 Prozent, der Boden besteht aus Lösslehm und Kalkmergel über massivem Kalksteinfels. Durch den Orlenberg im Westen werden Westwinde abgehalten, es fällt relativ wenig Regen. Die namensgebende Gewanne Im Kirschgarten liegt unmittelbar südwestlich vom Ort, das Grundstück gehörte ursprünglich dem Nonnenhof, einem Hof des Klosters Kirschgarten in Worms, die erste urkundliche Erwähnung „Im Kirschgarthen" stammt aus dem Jahr 1654. Philipp Kuhn hat schon immer einen Riesling aus dem Kirschgarten erzeugt und bis zum Jahr 2000 trug er auch Prädikatsbezeichnungen wie Auslese oder Spätlese; seit dem Jahrgang 2007 wird er als Großes Gewächs bezeichnet. Die Trauben werden nach einer Mazerationszeit von etwa 12 Stunden schonend gepresst, dann spontanvergoren, der Wein bleibt bis kurz vor der Abfüllung auf der Hefe, im Edelstahl. Der Kirschgarten-Riesling ist druckvoll und mineralisch, ohne darüber die Frucht zu vernachlässigen.

GEMEINDE 🍾 LAUMERSHEIM

Kirschgarten
Spätburgunder „GG"
Weingut Knipser

Der Kirschgarten umfasst die südwestlich von Laumersheim liegenden Weinberge, er ist südost-exponiert, besitzt eine Hangneigung bis 15 Prozent, der Boden besteht aus Lösslehm und Kalkmergel über massivem Kalksteinfels. Durch den Orlenberg im Westen werden Westwinde abgehalten, es fällt relativ wenig Regen. Die namensgebende Gewanne Im Kirschgarten liegt unmittelbar südwestlich vom Ort, das Grundstück gehörte ursprünglich dem Nonnenhof, einem Hof des Klosters Kirschgarten in Worms, die erste urkundliche Erwähnung „Im Kirschgarthen" stammt aus dem Jahr 1654. Der Kirschgarten-Spätburgunder enthält seit 2007 auch die Trauben aus der Gewanne Mergelweg, die in den Jahren zuvor gesondert als Großes Gewächs ausgebaut worden waren. Der Wein wird zwanzig Monate in neuen Barriques aus französischer Eiche ausgebaut. Der Kirschgarten-Spätburgunder ist schon lange der Vorzeige-Wein des Weinguts, auch wenn er seither starke betriebsinterne Konkurrenz erhalten hat, er vereint Kraft und Substanz mit Finesse und Frucht – und kann hervorragend reifen.

GEMEINDE ☞ LAUMERSHEIM

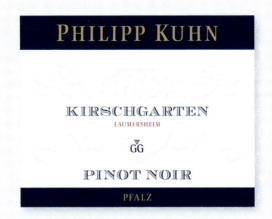

Kirschgarten
Pinot Noir „GG"
Weingut Philipp Kuhn

Der Kirschgarten umfasst die südwestlich von Laumersheim liegenden Weinberge, er ist südost-exponiert, besitzt eine Hangneigung bis 15 Prozent, der Boden besteht aus Lösslehm und Kalkmergel über massivem Kalksteinfels. Durch den Orlenberg im Westen werden Westwinde abgehalten, es fällt relativ wenig Regen. Die namensgebende Gewanne Im Kirschgarten liegt unmittelbar südwestlich vom Ort, das Grundstück gehörte ursprünglich dem Nonnenhof, einem Hof des Klosters Kirschgarten in Worms, die erste urkundliche Erwähnung „Im Kirschgarthen" stammt aus dem Jahr 1654.
Die Pinot Noir-Weinberge, die Philipp Kuhn im Kirschgarten besitzt, sind mit französischen Klonen bestockt. Der Wein wird zwei bis drei Wochen auf der Maische vergoren, die mehrmals täglich untergestoßen wird; danach kommt der Wein für knapp zwei Jahre in zur Hälfte neue französische Barriques. Der Spätburgunder aus dem Kirschgarten war seit jeher der Paradewein von Philipp Kuhn, seit 2006 wird er als Pinot Noir und Großes Gewächs bezeichnet; er ist intensiv und kraftvoll, auf Haltbarkeit vinifiziert.

GEMEINDE 🍷 LAUMERSHEIM

RdP
Spätburgunder
Weingut Knipser

Normalerweise stehen beim Weingut Knipser die Lagen im Vordergrund, zumindest bei Riesling und Spätburgunder – und die Knipsers erzeugen heute vier Spätburgunder Große Gewächse. Beim Spätburgunder RdP, das für „Réserve du Patron" steht, handelt es sich um eine Reserve aus eigenem, selbst selektioniertem Pflanzgut, aus besonderen Kleinparzellen in den Spitzenlagen des Weingutes, es steht also das Pflanzmaterial im Mittelpunkt, nicht die einzelne Lage. Dabei spielt der Osterberg aber eine wichtige Rolle, eine Lage, die vom VDP nicht als Große Lage klassifiziert ist.
Der RdP wurde erstmals 2009 erzeugt, dann in den beiden Folgejahrgängen nicht, seit 2012 gab es ihn in jedem Jahrgang. Der Wein wird fast zwei Jahre im Barrique ausgebaut, teils in neuen Fässern, teils in gebrauchten Fässern; er kommt erst drei Jahre nach der Abfüllung in den Verkauf. Von Anfang an hat der RdP für Furore gesorgt, er besticht mit faszinierend viel Frucht, ist kraftvoll und stoffig, besitzt gute Struktur und Substanz, Länge und Nachhall, ist wie alle großen Knipser-Rotweine auf Haltbarkeit vinifiziert.

GEMEINDE SCHWEIGEN

Heydenreich
Pinot Noir „GG"
Weingut Friedrich Becker

Die Parzelle Heydenreich liegt in der Gewanne Strohlenberg und ist südexponiert. Der Boden besteht aus Kalkstein mit einer 25 bis 50 Zentimeter dicken lockeren Erdauflage aus Lehm und Ton im Oberboden. Der Strohlenberg liegt im französischen Teil der großen Schweigener Einzellage Sonnenberg. Da der Strohlenberg in Frankreich liegt dürfen deutsche Winzer diesen Lagennamen nicht mehr auf dem Etikett verwenden, wobei dieser Name bei Friedrich Becker ohnehin nicht verwendet wurde.
Die Trauben werden entrappt, nach dreiwöchiger Maischegärung in offenen Eichenholzbottichen und Bütten mit manuellem Unterstoßen schonend entsaftet, dann achtzehn Monate in Barriques ausgebaut und unfiltriert abgefüllt. Bis zum Jahrgang 2010 wurde der Wein als Pinot Noir Tafelwein bezeichnet, seit 2011 trägt der den Parzellennamen Heydenreich. Der Spätburgunder Heydenreich ist kraftvoll und komplex, auf Haltbarkeit vinifiziert, in seiner Jugend sehr vom Holzausbau geprägt, dabei aber auch schmeichelnd, immer druckvoll, intensiv und nachhaltig.

GEMEINDE 🍾 SIEBELDINGEN

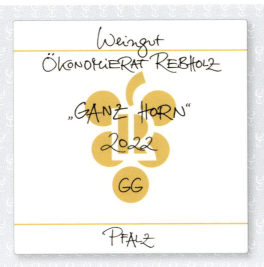

„Ganz Horn" Im Sonnenschein Riesling „GG"
Weingut Rebholz

PFALZ

Die alte Lage Starkenberg liegt nordwestlich von Siebeldingen, westlich der Weinstraße. Sie wurde 1971 Teil der Einzellage Im Sonnenschein, ist aber nun wieder als kleinere geographische Einheit in die Lagenrolle eingetragen. Das vom VDP als Große Lage klassifizierte „Ganz Horn" umfasst den größten Teil der östlich vom Johanneshof gelegenen Weinberge. Der Boden besteht aus Hangschotter mit Bestandteilen von Buntsandstein, aber auch Kies, Lehm und Sand. Die Rebholz-Weinberge werden biologisch und biodynamisch bewirtschaftet.

Das Weingut Ökonomierat Rebholz baut in der Lage Riesling an. Neben dem Ganz Horn, der erstmals im Jahrgang 2007 gesondert ausgebaut und als Großes Gewächs „Ganz Horn Im Sonnenschein" in den Verkauf kam, erzeugt das Weingut seit dem Jahrgang 2008 auch einen Riesling Großes Gewächs Im Sonnenschein. Der Ganz Horn ist sehr puristisch, geprägt von salzig-mineralischen Noten, er ist in seiner Jugend schon sehr präsent, kann aber wie alle Rebholz-Weine hervorragend reifen.

GEMEINDE — UNGSTEIN

Weilberg
Riesling „GG"
Weingut Rings

Der Weilberg liegt unmittelbar nordwestlich vom Bad Dürkheimer Ortsteil Ungstein, rings um ein 2.000 Jahre altes römisches Weingut und ist damit im Grunde die Keimzelle für den Weinbau in der Pfalz. Die sanfte Hanglage ist süd- bis südost-exponiert, der Boden im Herzstück der 32 Hektar großen Lage besteht aus eisenhaltigem, tonigem Lehm mit Kalksteinanteil und hohem Feinerdegehalt, der so genannten Roterde (Terra Rossa). Die Reben wachsen in 120 bis 177 Meter Höhe. Die Rings-Weinberge werden biologisch bewirtschaftet.

Die Trauben werden, teilweise als ganze Trauben, teilweise mit kurzer Maischestandzeit, schonend gepresst, der Wein wird ohne Vorklärung mit den natürlichen Hefen vergoren und zehn Monate in Halb- und Viertelstückfässern aus Pfälzer Eiche auf der Hefe ausgebaut. Er wird spät geschwefelt, nicht geschönt. Steffen und Andreas Rings besitzen seit 2009 Weinberge im Weilberg, seit 2016 – seit der Aufnahme in den VDP – trägt der Riesling die Bezeichnung Großes Gewächs.

GEMEINDE 🞄 ZELLERTAL

Schwarzer Herrgott
Riesling „GG"
Weingut Philipp Kuhn

Die Lage Schwarzer Herrgott, benannt nach dem weithin sichtbaren Herrgottskreuz und nicht zu verwechseln mit der benachbarten, deutlich größeren Lage Zellerweg am Schwarzen Herrgott, die schon zu Rheinhessen gehört, ist eine 8,9 Hektar große süd-exponierte, terrassierte Lage auf einem Kalksteinplateau nordöstlich von Niefernheim, ganz im Norden der Pfalz. Der Boden besteht aus steinigem, porösen Kalkstein und lehmigen Kalkmergel über massivem Kalkfels im Untergrund, die Reben wachsen in einer Höhe von 210 bis 239 Meter über dem Meer.

Philipp Kuhn hat erstmals 2013 einen Lagenriesling Schwarzer Herrgott erzeugt, seit 2014 ist die Lage vom VDP als Große Lage klassifiziert und der Wein wird seither als Großes Gewächs bezeichnet. Nach zwölfstündiger Maischestandzeit und Ganztraubenpressung erfolgt ein mehrwöchiges Fermentieren mit den natürlichen Hefen, dann lagert der Wein bis zur Abfüllung auf der Hefe, größtenteils im Edelstahl, ein kleiner Teil im Barrique. Jung oft etwas verschlossen, entwickelt der Wein mit etwas Lagerung enorme Komplexität.

Rheingau

Das Rheingau umfasst die Weinberge westlich von Wiesbaden bis hin nach Lorch und Lorchhausen, aber auch die Flächen an der Mündung des Mains in den Rhein. Der östliche Teil wird oft als Oberer Rheingau bezeichnet, der westliche als Unterer Rheingau. Die Böden bestehen in den höheren Lagen meist aus Schiefer, Quarzit, Kiesel und Sandstein, in den tiefer gelegenen Weinbergen findet man oft Sand und Löss.
Denkt man an das Rheingau, fallen einem nur zwei Rebsorten ein: Riesling und Spätburgunder. Mit 77 bzw. 12 Prozent Anteil dominieren sie die Weinberge, mit weitem Abstand folgen Weißburgunder und Grauburgunder. Früher hat man im Rheingau vor allem auf süßen und edelsüßen Riesling gesetzt, aber in den letzten Jahren ist, wie überall in Deutschland, trockener Riesling immer wichtiger geworden.
Das spiegelt sich auch in den Weinen hier wieder, die die Aufnahmekriterien erfüllt haben: Zehn trockenen Rieslingen stehen acht edelsüße Weine gegenüber, und dass die Zahl der edelsüßen Rieslinge noch so hoch ist, das ist fast ausschließlich einem Weingut zu verdanken, dem Kiedricher Weingut Robert Weil, das immer hoch Jahr für Jahr die ganze Palette an edelsüßen Weinen bis hin zur Trockenbeerenauslese erzeugt, und das gleich aus zwei Lagen, dem Gräfenberg und dem Turmberg.
Aber auch die trockenen Weine aus den beiden Lagen haben die Aufnahmekriterien erfüllt, wobei im trockenen Segment mit insgesamt fünf Weinen von drei Weingütern die Rüdesheimer Lagen Berg Rottland und Berg Schlossberg dominieren; hinzu kommen jeweils ein Riesling aus Mittelheimer St. Nikolaus, Oestricher Doosberg und Rauenthaler Nonnenberg. Nicht zu vergessen die Auslese von Schloss Johannisberg.
Beim Spätburgunder ist allein das noch recht junge Weingut Chat Sauvage vertreten, mit einem Wein aus dem Lorcher Schlossberg.

GEMEINDE 🍾 JOHANNISBERG

Schloss Johannisberg
Riesling Auslese
Weingut Schloss Johannisberg

RHEINGAU

Die Einzellage Schloss Johannisberger liegt südlich des Geisenheimer Ortsteils Johannisberg. Die 24,3 Hektar große Einzellage Schloss Johannisberger befindet sich ganz im Besitz des Weingutes Schloss Johannisberg. Die Lage ist überwiegend süd-südost-exponiert, die Reben wachsen in 116 bis 161 Meter Höhe, der Boden besteht aus Taunusquarzit mit Auflagen von tief- bis mittelgründigen Löss-Lehmen. Die Lage wurde bereits 1143 als „monte sanctis Johannis" erstmals urkundlich erwähnt, seit 1720 wird hier ausschließlich Riesling angebaut.

Der Legende nach soll 1775 auf Schloss Johannisberg die Spätlese erfunden worden sein, als die bischöfliche Erlaubnis zum Lesebeginn verspätet und erst nach Vollreife der Trauben eintraf. Spätlese und Auslese bilden nach wie vor einen wichtigen Teil des Programms, wenn der Jahrgang es zulässt, werden auch Beerenauslesen, Trockenbeerenauslesen und sogar Eisweine erzeugt. Die Auslese, mit der Rosalack-Kapsel versehen, gibt es fast jedes Jahr, seit 2016 versucht man den Wein frei von Botrytis zu halten.

Gräfenberg
Riesling trocken „GG"
Weingut Robert Weil

Der nordöstlich von Kiedrich gelegene Gräfenberg ist eine 10,7 Hektar große überwiegend südwest-exponierte Lage. Der Gräfenberg liegt geschützt im Kiedricher Talkessel, wird aber durch die Fallwinde vom Taunus gut belüftet, so dass die Reben lange am Stock reifen können. Im 12. Jahrhundert als Berg des Rheingrafen bezeichnet, findet sich erstmals 1258 die Bezeichnung Grevenberg urkundlich belegt; bis 1803 gehörte der Gräfenberg größtenteils dem Kloster Eberbach. Der Boden ist mittel- bis tiefgründig und mit Lösslehm durchsetzt, Phyllite bilden den hohen Gesteinsanteil. Heute ist das Kiedricher Weingut Weil mit Abstand größter Besitzer im Gräfenberg, baut ausschließlich Riesling an. Der trockene Top-Riesling des Weingutes wird heute komplett im Holz vergoren, mit den natürlichen Hefen; er wird im Jahr nach der Ernte abgefüllt, kommt aber erst ein Jahr später in den Verkauf. Bis in die neunziger Jahre als Spätlese trocken bezeichnet, dann mehr als ein Jahrzehnt als „Erstes Gewächs", wird er seit dem Jahrgang 2012 als Großes Gewächs bezeichnet.

GEMEINDE 🍾 KIEDRICH

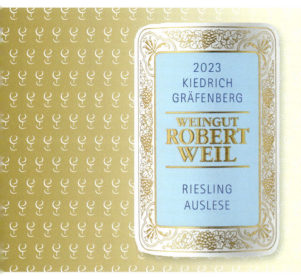

Gräfenberg
Riesling Auslese
Weingut Robert Weil

RHEINGAU

Der nordöstlich von Kiedrich gelegene Gräfenberg ist eine 10,7 Hektar große überwiegend südwest-exponierte Lage. Der Gräfenberg liegt geschützt im Kiedricher Talkessel, wird aber durch die Fallwinde vom Taunus gut belüftet, so dass die Reben lange am Stock reifen können. Im 12. Jahrhundert als Berg des Rheingrafen bezeichnet, findet sich erstmals 1258 die Bezeichnung Grevenberg urkundlich belegt; bis 1803 gehörte der Gräfenberg größtenteils dem Kloster Eberbach. Der Boden ist mittel- bis tiefgründig und mit Lösslehm durchsetzt, Phyllite bilden den hohen Gesteinsanteil. Heute ist das Kiedricher Weingut Weil mit Abstand größter Besitzer im Gräfenberg, baut ausschließlich Riesling an. Auch wenn der trockene Lagen-Riesling, das Große Gewächs, in den letzten Jahrzehnten immer mehr an Bedeutung gewonnen hat, so erzeugt das Weingut auch heute noch Jahr für Jahr die komplette Palette an süßen und edelsüßen Rieslingen von der Spätlese bis hin zur Trockenbeerenauslese. Immer zuverlässig auf hohem Niveau präsentiert sich die faszinierend elegante Auslese.

GEMEINDE 🍷 KIEDRICH

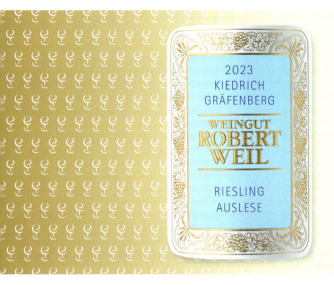

RHEINGAU

Gräfenberg
Riesling Goldkapsel Auslese
Weingut Robert Weil

Der nordöstlich von Kiedrich gelegene Gräfenberg ist eine 10,7 Hektar große überwiegend südwest-exponierte Lage. Der Gräfenberg liegt geschützt im Kiedricher Talkessel, wird aber durch die Fallwinde vom Taunus gut belüftet, so dass die Reben lange am Stock reifen können. Im 12. Jahrhundert als Berg des Rheingrafen bezeichnet, findet sich erstmals 1258 die Bezeichnung Grevenberg urkundlich belegt; bis 1803 gehörte der Gräfenberg größtenteils dem Kloster Eberbach. Der Boden ist mittel- bis tiefgründig und mit Lösslehm durchsetzt, Phyllite bilden den hohen Gesteinsanteil. Heute ist das Kiedricher Weingut Weil mit Abstand größter Besitzer im Gräfenberg, baut ausschließlich Riesling an. Neben der klassischen Rheingau-Auslese vom Gräfenberg erzeugt das Weingut Robert Weil auch jedes Jahr eine Goldkapsel-Auslese, die bei der jährlichen Auktion des VDP Rheingau im Kloster Eberbach versteigert wird. Sie unterscheidet sich deutlich von der Auslese, ist wesentlich konzentrierter und intensiver, weist meist deutlichen Beerenauslese-Charakter auf und ist immer faszinierend reintönig.

GEMEINDE 🍾 KIEDRICH

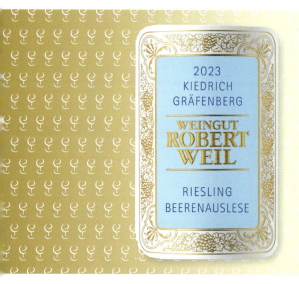

Gräfenberg
Riesling Beerenauslese
Weingut Robert Weil

RHEINGAU

Der nordöstlich von Kiedrich gelegene Gräfenberg ist eine 10,7 Hektar große überwiegend südwest-exponierte Lage. Der Gräfenberg liegt geschützt im Kiedricher Talkessel, wird aber durch die Fallwinde vom Taunus gut belüftet, so dass die Reben lange am Stock reifen können. Im 12. Jahrhundert als Berg des Rheingrafen bezeichnet, findet sich erstmals 1258 die Bezeichnung Grevenberg urkundlich belegt; bis 1803 gehörte der Gräfenberg größtenteils dem Kloster Eberbach. Der Boden ist mittel- bis tiefgründig und mit Lösslehm durchsetzt, Phyllite bilden den hohen Gesteinsanteil. Heute ist das Kiedricher Weingut Weil mit Abstand größter Besitzer im Gräfenberg, baut ausschließlich Riesling an. Die Beerenauslese vom Gräfenberg gibt es in jedem Jahrgang, was rar geworden ist im Rheingau und in Deutschland und einen hohen Selektionsaufwand erfordert; in manchen Jahrgängen gibt es noch eine Goldkapsel-Variante für die Versteigerung im Kloster Eberbach. Wie alle edelsüßen Weine des Weingutes ist auch die Beerenauslese, bei aller Konzentration, immer bestechend reintönig.

GEMEINDE 🍷 KIEDRICH

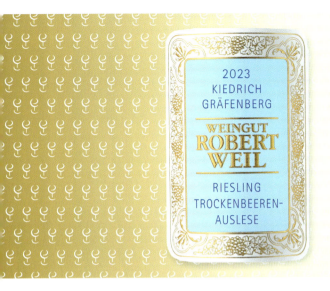

RHEINGAU

Gräfenberg
Riesling Trockenbeerenauslese
Weingut Robert Weil

Der nordöstlich von Kiedrich gelegene Gräfenberg ist eine 10,7 Hektar große überwiegend südwest-exponierte Lage. Der Gräfenberg liegt geschützt im Kiedricher Talkessel, wird aber durch die Fallwinde vom Taunus gut belüftet, so dass die Reben lange am Stock reifen können. Im 12. Jahrhundert als Berg des Rheingrafen bezeichnet, findet sich erstmals 1258 die Bezeichnung Grevenberg urkundlich belegt; bis 1803 gehörte der Gräfenberg größtenteils dem Kloster Eberbach. Der Boden ist mittel- bis tiefgründig und mit Lösslehm durchsetzt, Phyllite bilden den hohen Gesteinsanteil. Heute ist das Kiedricher Weingut Weil mit Abstand größter Besitzer im Gräfenberg, baut ausschließlich Riesling an. Die edelsüßen Rieslinge aus dem Gräfenberg werden in mehreren Lesedurchgängen geerntet; nur aufgrund dieses enormen Selektionsaufwandes ist es möglich in jedem Jahrgang eine Trockenbeerenauslese aus der Lage zu erzeugen, ein edelsüßer Riesling, der immer faszinierend reintönig und konzentriert ist – und der Jahrzehnte reifen kann.

GEMEINDE 🍾 KIEDRICH

Turmberg
Riesling trocken
Weingut Robert Weil

Der 3,4 Hektar große Turmberg trägt seinen Namen nach dem erhalten gebliebenen Bergfried der ehemaligen Burg Scharfenstein, die um 1160 auf Veranlassung der Erzbischöfe von Mainz als Höhenburg auf dem nordöstlich von Kiedrich gelegenen Bergsporn errichtet wurde. 1971 ging die Einzellage Kiedricher Turmberg in der Lage Kiedricher Wasserros auf, wurde aber im Jahr 2005 wieder als Einzellage in die Lagenrolle eingetragen. Der Boden besteht aus Phylliten mit geringfügigen Lösslehmbeimengungen.

Die Lage befindet sich im Alleinbesitz des Weingutes Robert Weil, das früher schon immer Riesling aus dem Turmberg erzeugt hatte und nun seit dem Jahrgang 2005 wieder erzeugt. Der trockene Lagen-Riesling aus dem Turmberg wird anders als der Gräfenberg-Riesling nicht als Großes Gewächs bezeichnet, sondern firmiert als Erste Lage-Wein. Er ist in den jüngsten Jahrgängen immer präziser und druckvoller geworden, er besitzt Substanz, Druck und Länge.

RHEINGAU

GEMEINDE – KIEDRICH

RHEINGAU

Turmberg
Riesling Auslese
Weingut Robert Weil

Der 3,4 Hektar große Turmberg trägt seinen Namen nach dem erhalten gebliebenen Bergfried der ehemaligen Burg Scharfenstein, die um 1160 auf Veranlassung der Erzbischöfe von Mainz als Höhenburg auf dem nordöstlich von Kiedrich gelegenen Bergsporn errichtet wurde. 1971 ging die Einzellage Kiedricher Turmberg in der Lage Kiedricher Wasserros auf, wurde aber im Jahr 2005 wieder als Einzellage in die Lagenrolle eingetragen. Der Boden besteht aus Phylliten mit geringfügigen Lösslehmbeimengungen.

Die Lage befindet sich im Alleinbesitz des Weingutes Robert Weil, das früher schon immer Riesling aus dem Turmberg erzeugt hatte und nun seit dem Jahrgang 2005 wieder erzeugt, zunächst ein trockener Wein sowie eine Spätlese, aber auch eine Auslese – die seither in jedem Jahrgang erzeugt wurde. Sie stand in den ersten Jahrgängen immer ein wenig im Schatten der Gräfenberg-Auslese, ist in den jüngsten Jahrgängen nun aber auf Augenhöhe, ist immer wunderschön reintönig und konzentriert.

GEMEINDE 🍷 KIEDRICH

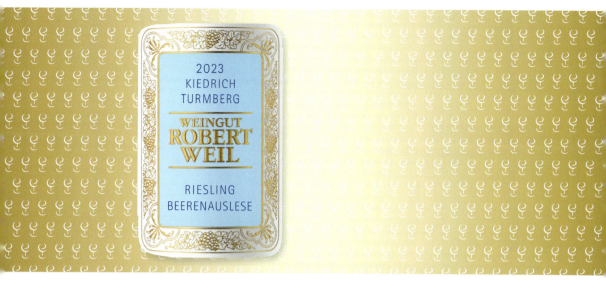

Turmberg
Riesling Beerenauslese
Weingut Robert Weil

RHEINGAU

Der 3,4 Hektar große Turmberg trägt seinen Namen nach dem erhalten gebliebenen Bergfried der ehemaligen Burg Scharfenstein, die um 1160 auf Veranlassung der Erzbischöfe von Mainz als Höhenburg auf dem nordöstlich von Kiedrich gelegenen Bergsporn errichtet wurde. 1971 ging die Einzellage Kiedricher Turmberg in der Lage Kiedricher Wasserros auf, wurde aber im Jahr 2005 wieder als Einzellage in die Lagenrolle eingetragen. Der Boden besteht aus Phylliten mit geringfügigen Lösslehmbeimengungen.

Die Lage befindet sich im Alleinbesitz des Weingutes Robert Weil, das früher schon immer Riesling aus dem Turmberg erzeugt hatte und nun seit dem Jahrgang 2005 wieder erzeugt. Eine Beerenauslese aus dem Turmberg wurde erstmals 2007 erzeugt – und seither in den meisten Jahrgängen. Wie die Gräfenberg-Beerenauslese wird sie in vielen Lesedurchgängen selektioniert, ist stoffig, konzentriert, immer reintönig, zeigt kandierte Früchte im Bouquet, besitzt Substanz und Biss.

GEMEINDE 🍷 KIEDRICH

RHEINGAU

Turmberg
Riesling Trockenbeerenauslese
Weingut Robert Weil

Der 3,4 Hektar große Turmberg trägt seinen Namen nach dem erhalten gebliebenen Bergfried der ehemaligen Burg Scharfenstein, die um 1160 auf Veranlassung der Erzbischöfe von Mainz als Höhenburg auf dem nordöstlich von Kiedrich gelegenen Bergsporn errichtet wurde. 1971 ging die Einzellage Kiedricher Turmberg in der Lage Kiedricher Wasserros auf, wurde aber im Jahr 2005 wieder als Einzellage in die Lagenrolle eingetragen. Der Boden besteht aus Phylliten mit geringfügigen Lösslehmbeimengungen.

Die Lage befindet sich im Alleinbesitz des Weingutes Robert Weil, das früher schon immer Riesling aus dem Turmberg erzeugt hatte und nun seit dem Jahrgang 2005 wieder erzeugt. Wie die Beerenauslese wurde auch die Trockenbeerenauslese aus dem Turmberg erstmals im Jahrgang 2007 erzeugt und seither, mit Ausnahme des Jahres 2012, in jedem Jahrgang. Wie die Gräfenberg-Trockenbeerenauslese ist sie stoffig, konzentriert, dominant – und wird noch in vielen Jahrzehnten Freude bereiten.

GEMEINDE • LORCH

Schlossberg
Pinot Noir
Weingut Chat Sauvage

Der Lorcher Schlossberg hat seinen Namen wohl von der Burgruine Nolling, zu dessen Füßen ein Teil der 1971 definierten Einzellage liegt. Sie erstreckt sich von der Gemarkungsgrenze zu Lorchhausen im Westen über die Vispermündung bis hin zum Bobebdeller Kadrich im Osten, wo dann die Einzellage Kapellenberg beginnt. Der Boden besteht aus verwittertem blauem Taunusschiefer mit ein wenig kalkhaltigem Löss, die Weinberge in den Kernlagen am Rhein sind südwest-exponiert, die Reben wachsen in 83 bis 249 Meter Höhe, Teile der Lage liegen brach.

Der Wein wird 22 Monate in französischen Barriques ausgebaut und unfiltriert abgefüllt, kommt erst im dritten Jahr nach der Ernte in den Verkauf. Der Schlossberg Pinot Noir hat sich mit den jüngsten Jahrgängen als primus inter pares unter den Lagen-Spätburgundern von Chat Sauvage herauskristallisiert, er ist komplex, fordernd, in seiner Jugend sehr verschlossen, ist in den letzten Jahren druckvoller und präziser geworden — und er reift hervorragend, was für alle Pinot Noir von Chat Sauvage gilt.

GEMEINDE ⌇ MITTELHEIM

St. Nikolaus
Riesling trocken „GG"
Weingut Peter Jakob Kühn

Die Einzellage St. Nikolaus umfasst die Weinberge östlich und unmittelbar nördlich von Mittelheim. Die Lage ist benannt nach der historischen Sandsteinfigur des Heiligen Nikolaus, die segnend am Weinbergsrand steht.
Der Boden in der recht flachen Lage besteht aus kalkhaltigem Löss, der mit Terrassensedimenten sowie Kieseinlagen und Sand durchsetzt ist. Die insgesamt 45 Hektar große Lage ist süd-exponiert. Durch die Lage direkt am Rhein, der als Sonnenreflektor und Wärmespeicher dient, treiben die Reben im Frühjahr recht früh aus.
Die Parzelle von Peter Bernhard Kühn liegt 150 Meter vom Rhein entfernt, ist mit 45 bis 65 Jahre alten Reben bepflanzt. Alle Weinberge des Weinguts werden biologisch und biodynamisch bewirtschaftet. Der Most wird nach langsamer, schonender Ganztraubenpressung mit den natürlichen Hefen vergoren und sechzehn Monate auf der Vollhefe im Stück- und Doppelstückfass ausgebaut. 2003 erstmals als „3 Trauben"-Lagenriesling erzeugt, wird der Wein seit dem Jahrgang 2017 als Großes Gewächs bezeichnet.

GEMEINDE ⌇ OESTRICH

Doosberg
Riesling trocken „GG"
Weingut Peter Jakob Kühn

RHEINGAU

Der Doosberg ist ein flacher, überwiegend süd-exponierter Hang östlich und nordöstlich von Oestrich. Es ist eine windexponierte Lage, der lehmige Boden ist durchsetzt mit Kieseln und großen Bruchstücken aus grauem Quarzit. Der ganze Doosberg ist über 140 Hektar groß, die Reben wachsen in 83 bis 154 Meter Höhe. „Doos" bedeutet im Rheingauer Dialekt Dachs. Der ständige Wind trocknet die Trauben nach Regen schnell ab, was die Trauben vor Pilzbefall schützt, weswegen schon immer im Doosberg eher trockene Rieslinge erzeugt wurden. Die Trauben für das Große Gewächs von Peter Bernhard Kühn stammen vom östlichen Ortsrand von Oestrich, von einem mäßig steilen, süd-exponierten Hang. Der Most wird nach langsamer, schonender Ganztraubenpressung mit den natürlichen Hefen vergoren und sechzehn Monate auf der Vollhefe im Stück- und Doppelstückfass ausgebaut. Der Doosberg-Wein ist der klassische trockene Spitzenriesling des Weingutes, der früher als Erstes Gewächs, dann als „3 Trauben", heute als Großes Gewächs bezeichnet wird.

GEMEINDE · RAUENTHAL

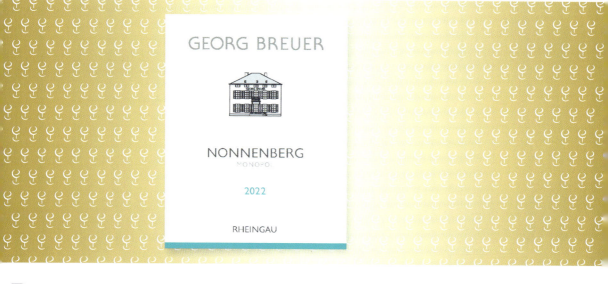

RHEINGAU

Nonnenberg
Riesling
Weingut Georg Breuer

Der Nonnenberg liegt südlich von Rauenthal, unmittelbar westlich von Martinsthal. Er hat seinen Namen von den Nonnen des Kloster Tiefenthal, die den Weinberg und das spätklassizistische Gebäude auf dem Hanghügel einst bewirtschafteten. Der Nonnenberg ist teils süd-, teils südost-exponiert, die Reben wachsen in 184 bis 225 Meter Höhe auf tiefgründigen steinigen Phyllitböden, die mit Quarzit durchsetzt sind, im unteren Teil des Hanges herrschen Löss-Lehme vor. Der 5,4 Hektar große Nonnenberg gehört komplett dem Rüdesheimer Weingut Georg Breuer, ist also eine Monopollage. Die ältesten Reben im Nonnenberg, der dem Weingut seit den achtziger Jahren gehört und wo ausschließlich Riesling angebaut wird, sind 70 Jahre alt. Früher hat das Weingut auch einmal Auslesen und sogar Trockenbeerenauslesen aus dem Nonnenberg erzeugt, aber das ist lange her, heute liegt der Fokus ganz klar auf dem trockenen Lagen-Riesling, der sich als deutscher Ikonenwein etabliert hat, präzise, puristisch, druckvoll und nachhaltig – und ganz faszinierend reift.

GEMEINDE · RÜDESHEIM

Berg Rottland
Riesling
Weingut Georg Breuer

RHEINGAU

Der Rüdesheimer Berg liegt westlich von Rüdesheim, direkt am Rhein. Die Lage Berg Rottland liegt unmittelbar oberhalb und westlich von Rüdesheim, also im unteren Teil des Hanges. Die Reben wachsen in 110 bis 156 Meter Höhe, sind süd-südost-exponiert, sie wachsen auf steinigen, skelettreichen Grauschieferböden. Rottland leitet sich ab vom mittelhochdeutschen reuten/rotten für „roden"; den Rüdesheimer Winzern wurde vom Mainzer Erzbischof Bardo im 11. Jahrhundert der Berg zur Rodung überlassen für den Anbau von Weinreben.

Früher hat das Weingut Georg Breuer auch Auslesen und Beerenauslesen aus der Lage Berg Rottland erzeugt, heute aber liegt der Fokus einzig und allein auf dem trockenen Lagenwein; das Weingut besitzt 2,4 Hektar Weinberge in der Lage. Der Berg Rottland-Riesling steht oft etwas im Schatten von Berg Schlossberg und Nonnenberg, ist in den letzten Jahrgängen wie diese faszinierend präzise, druckvoll und nachhaltig – und reift ebenfalls ganz exzellent.

GEMEINDE 🍾 RÜDESHEIM

Berg Rottland „Urstück"
Riesling trocken
Weingut Carl Ehrhard

Der Rüdesheimer Berg liegt westlich von Rüdesheim, direkt am Rhein. Die Lage Berg Rottland liegt unmittelbar oberhalb und westlich von Rüdesheim, also im unteren Teil des Hanges. Die Reben wachsen in 110 bis 156 Meter Höhe, sind süd-südost-exponiert, sie wachsen auf steinigen, skelettreichen Grauschieferböden. Rottland leitet sich ab vom mittelhochdeutschen reuten/rotten für „roden"; den Rüdesheimer Winzern wurde vom Mainzer Erzbischof Bardo im 11. Jahrhundert der Berg zur Rodung überlassen für den Anbau von Weinreben.

Durch Flurbereinigungen wurden die Terrassen zerstört und 1971 wurden viele Lagen zusammengefasst zur neuen Lage Berg Rottland. Der Urstück genannte Riesling von Carl Ehrhard stammt aus dem ursprünglichen Berg Rottland. Die Trauben werden auf einer Korbpresse gekeltert, je nach Jahrgang mit etwas Maischestandzeit, der Most wird nach 24-stündiger Vorklärung im 600 Liter- oder im 1.200 Liter-Fass spontanvergoren, bleibt bis zur Füllung Mitte Juli auf der Feinhefe im Fass.

GEMEINDE 🍾 RÜDESHEIM

Hinterhaus Berg Rottland Riesling „GG"
Weingut Leitz

Der Rüdesheimer Berg liegt westlich von Rüdesheim, direkt am Rhein. Die Lage Berg Rottland liegt unmittelbar oberhalb und westlich von Rüdesheim, also im unteren Teil des Hanges. Die Reben wachsen in 110 bis 156 Meter Höhe, sind süd-südost-exponiert, sie wachsen auf steinigen, skelettreichen Grauschieferböden. Rottland leitet sich ab vom mittelhochdeutschen reuten/rotten für „roden"; den Rüdesheimer Winzern wurde vom Mainzer Erzbischof Bardo im 11. Jahrhundert der Berg zur Rodung überlassen für den Anbau von Weinreben.
Das Große Gewächs Berg Rottland von Johannes Leitz stammt aus der Gewanne Hinterhaus, die direkt am westlichen Ortsrand von Rüdesheim liegt, wo die Trauben relativ früh reifen. Die Trauben werden nach kurzer Maischestandzeit behutsam gepresst, dann in großen alten Eichenholzfässern vergoren, in denen sie neunzehn Monate auf der Hefe bleiben. Diesen längeren Ausbau auf der Hefe im Großen Eichenholzfass gibt es seit dem Jahrgang 2017, Primärfruchtnoten treten seither in den Hintergrund.

RHEINGAU

GEMEINDE 🍷 RÜDESHEIM

RHEINGAU

Berg Schlossberg
Riesling
Weingut Georg Breuer

Der Berg Schlossberg ist ein nach Süden ausgerichteter Steilhang mit Böden aus Quarzit und rotem Schiefer, er ist die steilste Lage im Rheingau. Er hat seinen Namen von der Burg Ehrenfels, die Anfang des 13. Jahrhunderts von den Mainzer Erzbischöfen als Schutz- und Zollburg errichtet wurde und inmitten der Weinberge des Berg Schlossberg liegt. Er liegt im westlichen Teil des Rüdesheimer Bergs, dessen unteren und mittleren Teil er umfasst, die Böden bestehen aus Taunusquarzit und Phyllitschiefer, die 25 Hektar Reben wachsen in einer Höhe von 87 bis 230 Meter.

Das Weingut Georg Breuer besitzt 3,6 Hektar Reben im Berg Schlossberg, neben Riesling wird auch ein klein wenig Gelber Orleans angebaut. Früher hat das Weingut auch edelsüße Rieslinge aus der Lage erzeugt, darunter grandiose Trockenbeerenauslesen, heute liegt der Fokus eindeutig auf dem trockenen Lagen-Riesling, der Jahr für Jahr zu den großen Rieslingen in Deutschland zählt, bei meist sehr moderatem Alkohol faszinierend präzise, druckvoll, mineralisch und nachhaltig ist – und hervorragend reift!

GEMEINDE 🍾 RÜDESHEIM

Ehrenfels Berg Schlossberg Riesling „GG"
Weingut Leitz

Der Berg Schlossberg ist ein nach Süden ausgerichteter Steilhang mit Böden aus Quarzit und rotem Schiefer, er ist die steilste Lage im Rheingau. Er hat seinen Namen von der Burg Ehrenfels, die Anfang des 13. Jahrhunderts von den Mainzer Erzbischöfen als Schutz- und Zollburg errichtet wurde und inmitten der Weinberge des Berg Schlossberg liegt. Er liegt im westlichen Teil des Rüdesheimer Bergs, dessen unteren und mittleren Teil er umfasst, die Böden bestehen aus Taunusquarzit und Phyllitschiefer, die 25 Hektar Reben wachsen in einer Höhe von 87 bis 230 Meter.

Johannes Leitz nennt seinen Berg Schlossberg Lagen-Riesling nach der namensgebenden Burg Ehrenfels, die die Lage auch optisch beherrscht. Die Trauben werden nach kurzer Maischestandzeit behutsam gepresst, der Wein wird mit den traubeneigenen Hefen in großen alten Eichenholzfässern vergoren und 19 bis 21 Monate auf der Hefe ausgebaut; 2017 war der erste Jahrgang, den Johannes Leitz so lange auf der Hefe ausgebaut hat, so dass der Berg Schlossberg seither erst im zweiten Jahr nach der Ernte in den Verkauf kommt.

Rheinhessen

Rheinhessen ist mit über 27.000 Hektar Reben das größte deutsche Anbaugebiet. Bis in die neunziger Jahre war die Qualität der Weine alles andere als spektakulär, es wurden überwiegend Massenweine erzeugt, für In- und Ausland, die als Billigweine in den Regalen standen. Wichtig waren hohe Erträge und hohe Zuckergehalte, so dass seit den siebziger Jahren die Region von neugezüchteten Rebsorten dominiert war, die genau dafür standen.

Seither aber hat sich ein gewaltiger Wandel vollzogen in Rheinhessen und die Region hat sich vor allem mit Riesling profiliert, keine andere Region erzeugt heute so viele trockene Spitzen-Rieslinge wie Rheinhessen.

Dabei nimmt Riesling nicht einmal 20 Prozent der Weinberge ein, und auf den Plätzen dahinter folgen Müller-Thurgau und Dornfelder, dann erst die Burgundersorten, die im letzten Jahrzehnt stark zugelegt haben: Grauburgunder, Weißburgunder, Spätburgunder und dahinter Chardonnay. Dazwischen liegt noch die einst wichtigste Rebsorte der Region, der Silvaner; der Fläche nach gibt es in Rheinhessen mehr Silvaner als in Franken, aber, anders als dort, gibt es nur wenige Erzeuger, die versuchen Silvaner im Top-Segment zu platzieren.

20 der 28 rheinhessischen Weine, die die Auswahlkritierien für eine Aufnahme erfüllt haben, sind Rieslinge, und zwar ausschließlich trockene Rieslinge. Und trocken heißt in Rheinhessen, zumindest bei den Spitzenbetrieben, in der Regel durchgegoren. Und sie stammen von völlig unterschiedlichen Böden, von kalkgeprägten Lagen im Wonnegau oder Welzbachtal, von Rotliegendem an der Rheinfront oder von vulkanischen Böden im Grenzgebiet zur Nahe-Region.

Neben Riesling rücken in den letzten Jahren auch die Burgundersorten immer mehr in den Fokus. Der VDP Rheinhessen hat neben Riesling bisher ausschließlich Spätburgunder als Rebsorte für die Erzeugung Großer Gewächse zugelassen. Vier rheinhessische Spätburgunder haben die Aufnahmekriterien erfüllt, weitere könnten in den kommenden Jahren folgen.

Chardonnay gewinnt, wie in ganz Deutschland, immer mehr an Bedeutung, und immerhin drei Weine stellen wir hier bereits vor, alle stammen von kalkdominierten Lagen; komplettiert wird die rheinhessische Auswahl durch einen Weißburgunder, der ebenfalls aus einer kalkreichen Lage stammt.

GEMEINDE 🍷 APPENHEIM

Hundertgulden Riesling „GG"
Weingut Bischel

Die vom Kalkstein geprägte Lage ist seit dem Mittelalter bekannt. Den Namen Hundertgulden erhielt die Lage im 14. Jahrhundert, er rührt wohl daher, dass Weinberge in der Lage für sehr hohe Beträge verkauft wurden. Der steile Hang ist südwest- bis süd-exponiert, der Boden besteht aus wasserführenden Kalksteinschichten, welche aus den Korallenbänken des tertiären Urmeeres entstanden, die Reben wachsen in 160 bis 235 Meter Höhe. Der Hundertgulden gilt als Deutschlands carbonatreichste Weinlage. Die warme Lage zusammen mit kühlen Westwinden sorgen für eine sehr lange Reifezeit.
Die Trauben werden in mehreren Durchgängen gelesen, nach einigen Stunden Maischestandzeit schonend gepresst, anschließend wird der Most mit den weinbergseigenen Hefen teilweise im großen Eichenholzfass, teilweise im Edelstahl vergoren und nach zehn Monaten Hefelager im Sommer auf Flaschen gefüllt. Seit dem Jahrgang 2009 gibt es einen trockenen Lagenriesling aus dem Hundertgulden, seit 2018, mit der Aufnahme des Weingutes in den VDP, wird er als Großes Gewächs bezeichnet.

RHEINHESSEN

GEMEINDE 🍾 APPENHEIM

Hundertgulden
Riesling „GG"
Weingut Knewitz

RHEINHESSEN

Die vom Kalkstein geprägte Lage ist seit dem Mittelalter bekannt. Den Namen Hundertgulden erhielt die Lage im 14. Jahrhundert, er rührt wohl daher, dass Weinberge in der Lage für sehr hohe Beträge verkauft wurden. Der steile Hang ist südwest- bis süd-exponiert, der Boden besteht aus wasserführenden Kalksteinschichten, welche aus den Korallenbänken des tertiären Urmeeres entstanden, die Reben wachsen in 160 bis 235 Meter Höhe. Der Hundertgulden gilt als Deutschlands carbonatreichste Weinlage. Die warme Lage zusammen mit kühlen Westwinden sorgen für eine sehr lange Reifezeit.
Der Hundertgulden-Riesling der Brüder Knewitz stammt von zwei süd-südwest-exponierten Parzellen; seit 2023 sind die Knewitz-Weinberge biologisch zertifiziert. Er wird nach kurzer Maischestandzeit schonend gepresst und mit den traubeneigenen Hefen vergoren, er bleibt bis zur Füllung im Juli nach der Ernte auf der Hefe im traditionellen Eichenholzfass. Der Hundertgulden-Riesling ist der traditionelle trockene Lagenriesling des Weinguts, seit dem Jahrgang 2021, mit der Aufnahme in den VDP, trägt er die Bezeichnung Großes Gewächs.

GEMEINDE 🍷 APPENHEIM

Réserve
Pinot Noir
Weingut Bischel

RHEINHESSEN

Der erstmals 1347 in Zusammenhang mit Weingärten urkundlich erwähnte Eidersberg liegt südwestlich von Appenheim an einem südost-exponierten Hang am Wethbach, er wurde 1971 zusammen mit anderen Weinbergen ein Teil der Einzellage Appenheimer Eselspfad. Die Gewanne, aus der der Spitzen-Pinot Noir des Weingutes Bischel stammt, liegt im Filetstück des Hanges in 150 Meter Höhe und ist mit französischen Burgunderklonen bestockt, die Reben wachsen im Eidersberg auf einem mit Kalkstein durchsetzten Lehmboden. Der Weinberg wird biologisch bewirtschaftet. Die Trauben werden entrappt und mit wilden Hefen in offenen Bütten vergoren, untergestoßen wird von Hand. Nach der Gärung wird der Wein achtzehn Monate in französischen und deutschen Eichenholzfässern ausgebaut und anschließend unfiltriert abgefüllt. Der Pinot Noir Réserve wurde erstmals 2009 erzeugt, dann 2011 und seither in jedem Jahrgang. Er ist ausgeprägt reduktiv, faszinierend frisch und komplex, harmonisch und elegant, besitzt reintönige Frucht, viel Grip und Länge.

GEMEINDE 🍷 BECHTHEIM

Geyersberg
Riesling
Weingut Dreissigacker

Der Geyersberg liegt nordöstlich von Bechtheim, die Lage wurde bereits um 1500 unter dem Namen „ym nesten geierßbuhl" urkundlich erwähnt, als die Kuppe des Geierbergs noch bewaldet war und dort Geier nisteten. Die Reben wachsen in 90 bis 165 Meter Höhe auf karbonatreichen Lössböden mit hohen Kalkanteilen; die Lage ist süd-exponiert. Der Geyersberg ist die wärmste der Bechtheimer Toplagen, die ausdrucksstarke, sehr gelbfruchtige Riesling hervorbringt, die schon in ihrer Jugend sehr präsent sind.
Die Weinberge von Jochen Dreißigacker werden biologisch und biodynamisch bewirtschaftet. Der Geyersberg-Lagenriesling stammt von alten Reben. Die Trauben werden nach sechs bis acht Stunden Maischestandzeit schonend gepresst, mit den traubeneigenen Hefen vergoren und lange auf der Feinhefe im Edelstahl ausgebaut. Geyersberg, Rosengarten und Hasensprung sind die traditionellen Riesling-Lagen der Familie Dreissigacker, die Westhofener Lagen kamen erst später zum Portfolio. Der Geyersberg-Riesling ist jung schon sehr intensiv und dominant, dabei aber ganz auf Haltbarkeit vinifiziert.

GEMEINDE 🍾 BINGEN

Scharlachberg
Riesling „GG"
Weingut Bischel

RHEINHESSEN

Der Binger Scharlachberg, 26 Hektar groß, ist die bekannteste Binger Einzellage. Sie liegt nördlich und nordwestlich des Binger Stadtteils Büdesheim. Die Lage wurde mit dem Namen „vocatur scarlachen" erstmals 1248 urkundlich erwähnt. Der Boden besteht aus „Quarzit Rigosol", einem stark verfestigten Sandstein mit Schieferverwitterung und Quarzit und mit einem hohen Anteil an Eisenoxid, die eine Rotfärbung bewirkt und für den Namen Scharlachberg verantwortlich ist. Der Scharlachberg ist überwiegend südexponiert, die Reben wachsen in 100 bis 200 Meter Höhe.
Die Trauben werden in mehreren Durchgängen gelesen, nach einigen Stunden Maischestandzeit schonend gepresst, anschließend wird der Most mit den weinbergseigenen Hefen im Edelstahl vergoren und nach acht Monaten Hefelager im Sommer auf Flaschen gefüllt. Schon vor dem Hundertgulden-Riesling gab es einen trockenen Lagenriesling aus dem Scharlachberg, seit 2018, mit der Aufnahme des Weingutes in den VDP, wird er als Großes Gewächs bezeichnet.

GEMEINDE 🍾 DALSHEIM

RHEINHESSEN

Bürgel
Spätburgunder „GG"
Weingut Klaus Keller

Die 84 Hektar große Einzellage Dalsheimer Bürgel liegt westlich von Flörsheim-Dalsheim, die Reben wachsen in 170 bis 260 Meter Höhe und sind überwiegend südost- bis ost-exponiert. Die Lage wurde erstmals im Jahr 1286 als retro montem, dann 1358 als „uf dem berge" urkundlich erwähnt, woraus dann im Laufe der Zeit der Lagenname Bürgel wurde, die namensgebende Gewanne heißt „Auf der Bürgel". Der farblich von der Terra Fusca geprägte Boden, ockerfarbenem Kalkstein, besteht aus Muschelkalk und Löss mit tertiären Tonen.

Den Felix genannten Spätburgunder aus dem Bürgel gibt es bereits seit den neunziger Jahren, seit dem Jahrgang 2001 wird er als Großes Gewächs bezeichnet. Er ist damit der klassische Spätburgunder des Weinguts Keller; er wird mit den natürlichen Hefen und heute mit recht hohem Ganztraubenanteil vergoren und in Barriques aus französischer Eiche ausgebaut. Der Bürgel-Spätburgunder setzte schon immer auf Frische und deutliche Säure, was in den jüngsten Jahrgängen noch stärker ausgeprägt ist.

GEMEINDE 🍾 DALSHEIM

Oberer Hubacker
Riesling „GG"
Weingut Klaus Keller

RHEINHESSEN

Die Einzellage Dalsheimer Hubacker liegt ganz im Norden der Dalsheimer Gemarkung, an den Gemarkungsgrenzen zu Gundersheim und Bermersheim. Die Gewanne Oberer Hubacker liegt nordöstlich der namensgebenden Gewanne Hubacker, wurde 1971 ein Teil der Einzellage Hubacker; Inzwischen wurde Oberer Hubacker wieder als kleinere geografische Einheit in die Lagenrolle eingetragen. Die Reben wachsen auf Böden aus skelettreichem Löss, Tonmergel und Kalkstein, aber auch aus sandigem Lehm und schwach steinig-lehmigem Ton.

Die Gewanne Oberer Hubacker befindet sich im Alleinbesitz des Weinguts Keller. Sie wurde 1973 und 1974 mit Rebmaterial von der Saar bepflanzt, im Jahr 2000 hat man dort einen Kalkstein-Turm errichtet. Lag früher der Fokus auf edelsüßen Rieslingen bis hin zur Trockenbeerenauslese, ist in den letzten Jahren das trockene Große Gewächs zunehmend in den Vordergrund gerückt, das Ende der neunziger Jahre den Zusatz G erhielt und seit 2000 als Großes Gewächs Hubacker bezeichnet wurde, seit 2021 als Oberer Hubacker.

GEMEINDE 🍾 ESSENHEIM

Teufelspfad
Riesling
Weingut Braunewell

Der Teufelspfad ist eine recht große Lage im Selztal, die aus zwei Teilen besteht, allen Weinbergen östlich von Essenheim sowie den Weinbergen südlich und südwestlich von Essenheim (mit der namensgebenden Gewanne Am Teifelspfad). Die Reben wachsen in 120 bis 240 Meter Höhe, die Weinberge sind südwest- bis südost-exponiert, die Reben wachsen auf variierenden Böden, diese wechseln von intensivem Kalkstein am Hangkopf, wo oft Riesling angebaut wird, über nährstoffreiche Kalkmergel, wo oft Burgundersorten stehen, hin zu sandigem Löss im Tal.

Der Teufelspfad-Riesling der Brüder Braunewell stammt von der ältesten Riesling-Parzelle des Weinguts. Die Trauben werden nach sechs Stunden Maischestandzeit schonend gekeltert, dann zwölf Wochen spontanvergoren im Edelstahl und im Eichenholzfass, der Wein bleibt bis Ende April auf der Vollhefe und wird im Mai nach der Ernte abgefüllt. Der Lagen-Riesling aus der Paradelage der Braunewells zeigt in den letzten Jahren faszinierend hohes Niveau, ist stoffig, druckvoll, mineralisch und nachhaltig,

GEMEINDE ✧ ESSENHEIM

Teufelspfad
Spätburgunder
Weingut Braunewell

Der Teufelspfad ist eine recht große Lage im Selztal, die aus zwei Teilen besteht, allen Weinbergen östlich von Essenheim sowie den Weinbergen südlich und südwestlich von Essenheim (mit der namensgebenden Gewanne Am Teifelspfad). Die Reben wachsen in 120 bis 240 Meter Höhe, die Weinberge sind südwest- bis südost-exponiert, die Reben wachsen auf variierenden Böden, diese wechseln von intensivem Kalkstein am Hangkopf, wo oft Riesling angebaut wird, über nährstoffreichem Kalkmergel, wo oft Burgundersorten stehen, hin zu sandigem Löss im Tal.

Der Teufelspfad-Spätburgunder wächst in einer Kalkboden-Parzelle mit Kalkmergel und Tonmergel, während der dreiwöchigen Maischegärung in Bottichen wird der Maischehut mehrmals täglich untergestoßen. Nach der Pressung kommt er in zu 30 Prozent neue und zu 70 Prozent zweitbelegte Barriques, wo er den biologischen Säureabbau durchläuft; der Wein wird unfiltriert abgefüllt. Der Teufelspfad-Spätburgunder ist faszinierend reintönig und fruchtbetont, jung schon zugänglich, reift aber auch hervorragend.

GEMEINDE 🍾 GÁU-ALGESHEIM

Réserve
Weißer Burgunder
Weingut Bischel

Die Einzellage St. Laurenzikapelle liegt zwar auf Gau-Algesheimer Gemarkung, allerdings liegt sie räumlich näher zu Appenheim, Dromersheim und Ockenheim denn zur Gemeine Gau-Algesheim. Sie ist benannt nach der Wallfahrtskirche St. Laurentius. Die Reben wachsen auf einem mit Tonmergel und tonigem Lösslehm überzogenen Kalksockel in 150 bis 240 Meter Höhe, die Lage ist südost-exponiert. Der Weißer Burgunder Réserve des Weingutes Bischel wächst im mittleren Teil der Lage auf 190 Meter Höhe; alle Bischel-Weinberge werden biologisch bewirtschaftet.

Die ganzen Trauben werden schonend über mehrere Stunden gepresst, danach wird der Saft mit den natürlichen Hefen in Barriques vergoren, in denen er ein knappes Jahr bleibt. Von 2012 bis 2015 trug der Wein die Lagenbezeichnung St. Laurenzikapelle, seither wird er als Réserve bezeichnet. Der deutlich reduktive, rauchig-würzige Weißburgunder ist kraftvoll und zupackend, besitzt gute Struktur und viel Grip, ein wenig Flaschenreife tut ihm gut.

GEMEINDE ⌲ GAU-ALGESHEIM

Réserve
Chardonnay
Weingut Bischel

RHEINHESSEN

Die Einzellage St. Laurenzikapelle liegt zwar auf Gau-Algesheimer Gemarkung, allerdings liegt sie räumlich näher zu Appenheim, Dromersheim und Ockenheim denn zur Gemeine Gau-Algesheim. Sie ist benannt nach der Wallfahrtskirche St. Laurentius. Die Reben wachsen auf einem mit Tonmergel und tonigem Lösslehm überzogenen Kalksockel in 150 bis 240 Meter Höhe, die Lage ist südost-exponiert. Der Chardonnay Réserve des Weingutes Bischel wächst in zwei terrassierten Anlagen im mittleren und unteren Teil der Lage; alle Bischel-Weinberge werden biologisch bewirtschaftet. Die ganzen Trauben werden schonend über mehrere Stunden gepresst, danach wird der Saft mit den natürlichen Hefen in französischen Barriques vergoren, in denen er ein knappes Jahr bleibt. Zunächst gab es einen Chardonnay S im Programm, von 2009 bis 2014 einen Chardonnay „Kapelle Gau-Algesheim", seit 2015 wird er als Chardonnay Réserve bezeichnet. Der deutlich reduktive, sehr würzige Chardonnay besitzt großartige Intensität, Komplexität, viel Frische und einen langen Abgang.

Rothenberg
Riesling „GG" „wurzelecht"
Weingut Kühling-Gillot

Der Rothenberg liegt unmittelbar südlich von Nackenheim, im nördlichen Teil des Roten Hanges, benannt nach der geologischen Formation des Rotliegenden. Der rote Boden besteht aus eisenhaltigem Rotschiefer. Die Lage wurde bereits 1364 erstmals unter dem Namen „in dem Rode" urkundlich erwähnt, wobei nicht geklärt ist, ob der Name vom roten Boden herrührt oder aber auf ein altes Rodungsgebiet verweist. Die insgesamt 16 Hektar große Lage ist ost-, teils südost-exponiert, die Reben wachsen in 81 bis 140 Meter Höhe.

Das Weingut Kühling-Gillot besitzt im Rothenberg eine kleine, „Kapellchen" genannte Parzelle mit 1935 wurzelecht gepflanzten Reben, die dank ihrer isolierten Lage von der Flurbereinigung verschont wurde und die einzige wurzelecht gepflanzte Parzelle im Roten Hang ist. Die Weinberge von Kühling-Gillot werden biologisch bewirtschaftet, der Wein wird spontanvergoren und Im Holz ausgebaut. War der Rothenberg-Riesling anfangs recht üppig bei hohen Alkoholwerten, ist er in den letzten Jahren deutlich präziser geworden.

GEMEINDE 🍾 NIEDER-FLÖRSHEIM

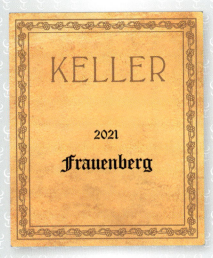

Frauenberg
Spätburgunder „GG"
Weingut Klaus Keller

RHEINHESSEN

Der Nieder-Flörsheimer Frauenberg ist eine 153 Hektar große Lage mit unterschiedlichen Expositionen, größtenteils ist sie südost- bis ost-exponiert, die Reben wachsen in 170 bis 240 Meter Höhe. Der Boden besteht aus sandigem Lehm, Löss und Ton, in Teilen durchsetzt mit Terra Rossa und Kalkstein, vor allem in den höher gelegenen, etwas steileren Teilen ist er enorm kalkhaltig. Der Name rührt daher, dass er sich einst im Besitz eines Nonnenklosters befand. Die Lage wurde erstmals 1290 mit dem Namen „an frauwenhalten" urkundlich erwähnt.

Der Spätburgunder aus dem Frauenberg wurde erstmals 2005 erzeugt, erhielt damals den Zusatz „FR" auf dem Etikett, weil er von jungen Reben stammte, das Rebmaterial stammte aus Burgund; erst seit dem Jahrgang 2008 trägt er den Namen Frauenberg auf dem Etikett. Der Wein wird in gebrauchten Barriques aus Burgund ausgebaut, setzt auch stilistisch ganz auf Burgund, zeigt reintönige Frucht, dezent rauchige Noten, besitzt ausgeprägte Säure und viel Frische.

GEMEINDE ▸ NIEDER-HILBERSHEIM

Steinacker
Riesling „GG"
Weingut Knewitz

Nieder-Hilbersheim, erstmals 933 urkundlich erwähnt, liegt im Welzbachtal im nördlichen Rheinhessen. 1971 wurde alle rings um den Ort liegenden Weinberge zur Lage Steinacker zusammengefasst. Der spannendere Teil der Lage befindet sich auf der östlichen Seite des Welzbachs, die Weinberge sind im nördlichen Teil west-, im südlichen Teil nordwest-exponiert. Die Reben wachsen in 200 bis 250 Meter Höhe auf einem mit Eisenerz durchzogenen Kalksteinboden, der enorm druckvolle und mineralische Rieslinge hervorbringt; die Knewitz-Weinberge werden biologisch bewirtschaftet. Der Steinacker-Riesling wächst in einer der kühlsten Lagen des Weingutes, so dass die Trauben sehr langsam und spät reifen. Der Wein wird nach kurzer Maischestandzeit mit den natürlichen Hefen vergoren, teils im Edelstahl, teils im traditionellen Holzfass. Der Steinacker-Riesling wurde erstmals 2014 als trockener Lagenwein ausgebaut, mit der Aufnahme des Weinguts in den VDP wird er seit 2021 als Großes Gewächs bezeichnet. Der Wein ist immer immens druckvoll, karg, mineralisch und fordernd.

GEMEINDE ☞ NIEDER-HILBERSHEIM

Réserve
Chardonnay
Weingut Knewitz

RHEINHESSEN

Nieder-Hilbersheim, erstmals 933 urkundlich erwähnt, liegt im Welzbachtal im nördlichen Rheinhessen. 1971 wurde alle rings um den Ort liegenden Weinberge zur Lage Steinacker zusammengefasst. Der spannendere Teil der Lage befindet sich auf der östlichen Seite des Welzbachs, die Weinberge sind im nördlichen Teil west-, im südlichen Teil nordwest-exponiert. Die Reben wachsen in 200 bis 250 Meter Höhe auf einem mit Eisenerz durchzogenen Kalksteinboden, der enorm druckvolle und mineralische Weine hervorbringt; die Knewitz-Weinberge werden biologisch bewirtschaftet. Der Réserve-Chardonnay der Knewitz-Brüder stammt von relativ alten Chardonnay-Reben im Steinacker, aus einem nordost-exponierten Weinberg direkt am Waldrand, der kühlsten Lage des Weingutes. Der Wein wird nach schonender Ganztraubenpressung mit den natürlichen Hefen vergoren und in neuen und gebrauchten Barriques ausgebaut, abgefüllt wird er im März des zweiten auf die Ernte folgenden Jahres. Der Réserve-Chardonnay wurde erstmals im Jahrgang 2013 erzeugt.

GEMEINDE 🍾 NIERSTEIN

Pettenthal
Riesling „GG"
Weingut Kühling-Gillot

Die Lage Pettenthal liegt nördlich von Nierstein im Kernstück des Roten Hanges. Der Katastername Pettenthal existiert seit dem Jahr 1753, allerdings ist unklar, woher der Name rührt; der Bestandteil „Thal" weist darauf hin, dass die Lage am Rhein beginnt. Die 30 Hektar große Lage zieht sich vom Rhein den Berg hinauf, die Reben wachsen in 90 bis 170 Meter Höhe, im oberen Teil besitzt die Lage bis zu 70 Prozent Steigung. Der Boden besteht aus rotem, eisenhaltigem Tonschiefer, der namensgebend für den Roten Hang ist, die Lage ist ost- bis südost-exponiert.

Das Weingut Kühling-Gillot besitzt seit Ende der achtziger Jahre Reben im Pettenthal, hat seither die Fläche nach und nach erweitert, vor allem im oberen Teil der Lage, wo die Böden deutlich karger sind als im flacheren unteren Teil. Die Weinberge werden biologisch bewirtschaftet, der Wein wird spontanvergoren, im Stückfass ausgebaut. Der Pettenthal-Riesling gehörte schon Ende der neunziger Jahre zu den ersten Weinen in Rheinhessen, die als Erste Lage-Weine, woraus sich die Großen Gewächse entwickelten, präsentiert wurden.

GEMEINDE 🍾 OSTHOFEN

Goldberg
Riesling
Weingut Karl May

RHEINHESSEN

Der Goldberg liegt am südwestlichen Ortsrand von Osthofen, die Lage ist süd- bis ost-exponiert. Auf dem Berg wurde bereits im 6. Jahrhundert eine Kapelle errichtet, im 11. Jahrhundert entstand eine Pfarrbasilika. Der Lagenname Goldberg ist sehr häufig in Deutschland zu finden, nimmt Bezug auf die Wertschätzung der Lage. Der Boden im Goldberg besteht aus Kalkmergel und Kalkstein. Der Goldberg-Riesling der Brüder Peter und Fritz May stammt von in den achtziger Jahren gepflanzten Reben; seit 2007 werden alle Weinberge biologisch bewirtschaftet.

Aus dem Goldberg kommt traditionell einer der beiden Lagen-Rieslinge des Weingutes Karl May (der andere kommt aus dem Geyersberg in Bechtheim und seit 2017 gibt es einen weiteren Lagen-Riesling aus dem Morstein in Westhofen). Der Wein wird spontanvergoren und im Edelstahl ausgebaut. Der Goldberg-Riesling zeigt seit einem Jahrzehnt hohes Niveau, seit dem Jahrgang 2019 ist er Jahr für Jahr groß, er ist faszinierend druckvoll und mineralisch, lang und nachhaltig.

GEMEINDE ⌁ SIEFERSHEIM

Heerkretz
Riesling „GG"
Weingut Wagner-Stempel

Die Lage Heerkretz, ein vulkanischer Steilabbruch südwestlich von Siefersheim, gehört zu den höchstgelegenen Lagen in Rheinhessen, der Boden besteht aus Rhyolith (oft als Porphyr bezeichnet), aber auch Melaphyr und Kalkbänder findet man in Teilen des süd- bis südost-exponierten Hanges; dieser besondere Boden ist sehr selten in Rheinhessen. Das „Heer" verweist auf eine alte Heerstraße am Fuß der Lage, das „kretz" rührt von „Kratzen" und bezieht sich auf die beschwerliche Arbeit im recht steilen Hang; die Reben wachsen in 170 bis 260 Meter Höhe.

Daniel Wagner ist größter Eigentümer in der Lage, hatte dort brachgefallene Flächen neu bepflanzt. Die Weinberge werden biologisch bewirtschaftet. Der Riesling Großes Gewächs Heerkretz stammt von den ältesten und besten Parzellen der Lage, der Wein wird teils im Edelstahl, teils im traditionellen Stückfass und Halbstückfass aus deutscher Eiche ausgebaut. 2001 gab es einen Goldkapsel-Riesling Heerkretz, seit 2002 wird der Spitzenwein aus der Lage als Großes Gewächs bezeichnet.

GEMEINDE 🍷 SIEFERSHEIM

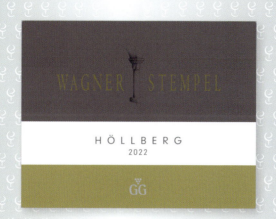

Höllberg
Riesling „GG"
Weingut Wagner-Stempel

RHEINHESSEN

Der Höllberg liegt windgeschützt durch das Siefersheimer Horn nordwestlich und westlich von Siefersheim und ist die wärmste Lage im Ort. Der Höllberg wurde bereits 1532 mit dem Namen „in der hellen" urkundlich erwähnt. Hölle ist ein weitverbreiteter Lagenname und bezeichnet einen leichten Abhang; wobei der Siefersheimer Höllberg bis zu 30 Prozent steil ist. Die Reben wachsen in 180 bis 230 Meter Höhe auf steindurchsetzten Rhyolith-Böden vulkanischen Ursprungs; die Lage ist überwiegend südost-exponiert.
Die Weinberge von Daniel Wagner werden biologisch bewirtschaftet. Der Riesling Großes Gewächs Höllberg stammt von den ältesten und besten Parzellen der Lage, der Wein wird teils im Edelstahl, teils im traditionellen Stückfass und Halbstückfass aus deutscher Eiche ausgebaut. Bis 2001 wurde der Spitzen-Riesling aus dem Höllberg als Riesling Spätlese trocken oder Goldkapsel-Riesling bezeichnet, seit 2002 firmiert er als Großes Gewächs; die oft merkliche Restsüße wurde in den letzten Jahren reduziert.

GEMEINDE 🍾 WESTHOFEN

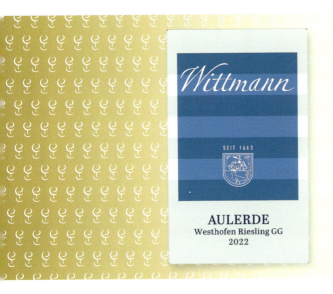

RHEINHESSEN

Aulerde
Riesling „GG"
Weingut Wittmann

Die Aulerde ist die östlichste und wärmste Lage in Westhofen, liegt an den Gemarkungsgrenzen zu Bechtheim und Osthofen. Die Aulerde wurde bereits 1382 erstmals als „an Ule erden" urkundlich erwähnt. Das mittelhochdeutsche „Ule" bedeutet Topf und weist auf die Tonerde hin, die Töpfer hier fanden. Der Boden besteht aus schwerem Tonmergel mit geringen Anteilen an Lösslehm und Kalkstein, der Untergrund besteht aus gelbem Tonsand und kiesigem Sand. Der flache Hang ist süd-süd-ost-exponiert, die Reben wachsen in 90 bis 100 Meter Höhe.
Das Weingut Wittmann besitzt im Kernstück der Lage fast siebzig Jahre alte Reben, die in hoher Pflanzdichte gesetzt wurden. Der Spitzenriesling aus der Aulerde wird bereits seit dem Jahrgang 2000 als Großes Gewächs bezeichnet. Der Aulerde-Riesling stand oft ein wenig im Schatten der anderen großen Rieslinge von Philipp Wittmann; er hat in den letzten Jahrgängen, bei geringfügig niedrigeren Alkoholwerten deutlich an Präzision gewonnen, ist druckvoll, nachhaltig, oft ausgeprägt mineralisch.

GEMEINDE 🍷 WESTHOFEN

Brunnenhäuschen
Riesling „GG"
Weingut Wittmann

RHEINHESSEN

Die Lage Brunnenhäuschen liegt nordwestlich von Westhofen, südlich von Monzernheim, wird im Norden und Westen von der Lage Morstein begrenzt. Die Lage wurde erstmals 1721 mit dem Namen „am brunnenhäusschen" urkundlich erwähnt, der Name rührt daher, dass eine hier entspringende Quelle mit einem Häuschen geschützt wurde. Der Boden besteht aus Tonmergel mit Kalkstein und Kalksteinfelsen im Untergrund. Die als Terra Rossa bezeichnete Erde ist durch einen hohen Eisenoxidanteil geprägt. Die Lage ist südexponiert, die Reben wachsen in 185 bis 240 Meter Höhe.
Für das Weingut Wittmann ist das Brunnenhäuschen eine relativ neue Lage, denn die ersten Weinberge wurden 2005 erworben, sie werden wie alle Weinberge von Philipp Wittmann biologisch bewirtschaftet. 2007 wurde das erste Große Gewächs Brunnenhäuschen erzeugt. Der Wein wird mit den natürlichen Hefen vergoren und in traditionellen Eichenholzfässern ausgebaut, er ist intensiv und dominant, druckvoll und stoffig bei viel Substanz, er ist faszinierend nachhaltig und reift hervorragend,

GEMEINDE 🍾 WESTHOFEN

RHEINHESSEN

„Abts E®"
Riesling „GG"
Weingut Klaus Keller

Die Lage Brunnenhäuschen liegt nordwestlich von Westhofen, südlich von Monzernheim, wird im Norden und Westen von der Lage Morstein begrenzt. Die Lage wurde erstmals 1721 mit dem Namen „am brunnenhäusschen" urkundlich erwähnt, der Name rührt daher, dass eine hier entspringende Quelle mit einem Häuschen geschützt wurde. Der Boden besteht aus Tonmergel mit Kalkstein und Kalksteinfelsen im Untergrund. Die als Terra Rossa bezeichnete Erde ist durch einen hohen Eisenoxidanteil geprägt. Die Lage ist südexponiert, die Reben wachsen in 185 bis 240 Meter Höhe.
„Abts E®" steht für Abtserde und bezeichnet den unteren Teil der Lage Brunnenhäuschen, der in alten Dokumenten auch als „Auf der Abserde" bezeichnet wurde. Klaus Keller hat 1996 eine 2,3 Hektar große Parzelle gekauft, die aber noch zehn Jahre verpachtet war; ein Teil der Parzelle wurde gerodet und neu bepflanzt. 2006 wurde erstmals ein Riesling Großes Gewächs Abtserde erzeugt, der Name wurde dann zu „Abts E®de" und schließlich „Abts E®". Der Wein wird mit ausgeprägter Maischestandzeit vinifiziert.

GEMEINDE 🍾 WESTHOFEN

Kirchspiel
Riesling „GG"
Weingut Klaus Keller

RHEINHESSEN

Die Lage Kirchspiel liegt nördlich von Westhofen und ist süd- bis südostexponiert. Die 43 Hektar Reben wachsen in 140 bis 200 Meter Höhe auf Tonmergel mit starken Kalksteineinlagerung und Kalkverwitterungslehm über Kalkstein im Untergrund. Der Name hat nichts mit der Kirche zu tun, sondern bedeutet „mit Kirschbäumen bestandener Hügel", die Lage wurde als „ab dem Jierßbuhel" erstmals 1348 in einer Schenkungsurkunde erwähnt; Johann Philipp Bronner erwähnt 1834 die Lage „Karspel" als eine der vier besten Lagen Westhofens.

Das Große Gewächs Kirchspiel von Klaus Peter Keller stammt von etwa 50 Jahre alten Reben. Der Wein wird mit den natürlichen Hefen vergoren und im großen Eichenholzfass ausgebaut. Den Kirchspiel-Riesling gab es erstmals 2002 als Großes Gewächs, und in den Jahren 2002 bis 2004 wurde er mit dem Zusatz „Turmstück" bezeichnet. Wies er früher in warmen Jahrgängen 13,5 Prozent Alkohol auf, ist er in den letzten Jahren präziser und puristischer geworden; 12,5 Prozent sind heute auch in warmen Jahren die Regel.

GEMEINDE 🍾 WESTHOFEN

RHEINHESSEN

Kirchspiel
Riesling „GG"
Weingut Wittmann

Die Lage Kirchspiel liegt nördlich von Westhofen und ist süd- bis südostexponiert. Die 43 Hektar Reben wachsen in 140 bis 200 Meter Höhe auf Tonmergel mit starken Kalksteineinlagerung und Kalkverwitterungslehm über Kalkstein im Untergrund. Der Name hat nichts mit der Kirche zu tun, sondern bedeutet „mit Kirschbäumen bestandener Hügel", die Lage wurde als „ab dem Jierßbuhel" erstmals 1348 in einer Schenkungsurkunde erwähnt; Johann Philipp Bronner erwähnt 1834 die Lage „Karspel" als eine der vier besten Lagen Westhofens.

Die Weinberge von Philipp Wittmann befinden sich zum größten Teil im oberen Teil der Lage, wo das Kirchspiel eine Steigung von bis zu 30 Prozent aufweist; das Weingut ist schon seit 1990 biozertifiziert. Die Trauben werden schonend gekeltert, der Saft wird mit den weinbergseigenen Hefen im traditionellen Holzfass vergoren. Schon im Jahrgang 2000 gab es erstmals ein Großes Gewächs aus dem Kirchspiel; der Wein setzt ganz auf Präzision, ist filigran, druckvoll, mineralisch und nachhaltig.

GEMEINDE 🍾 WESTHOFEN

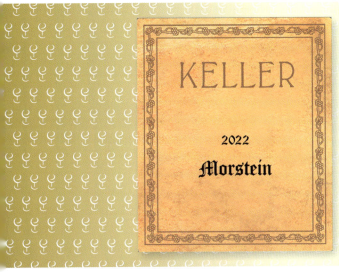

Morstein
Riesling „GG"
Weingut Klaus Keller

RHEINHESSEN

Der Morstein liegt nordwestlich von Westhofen, ganz im Westen der Westhofener Gemarkung. Die Lage wurde urkundlich erstmals 1282 unter dem Namen „in loco marstein" erwähnt. In der oberen Schicht finden sich Tonmergelböden mit Kalksteineinlagerungen, darunter massive, wasserführender Kalksteinfelsschichten, die auch bei längeren Trockenphasen für eine optimale Nähr- und Mineralstoffversorgung sorgen. Die 1971 auf 151 Hektar erweiterte Lage ist süd-exponiert, die Reben wachsen in 150 bis 240 Meter Höhe, die Hangneigung beträgt 20 bis 25 Prozent.

Klaus Peter Keller besitzt im Morstein etwa 70 Jahre alte Reben. Faszinierende edelsüße Rieslinge, von Auslesen bis hin zu Trockenbeerenauslesen, wurden lange im Morstein erzeugt, heute aber liegt der Fokus im Betrieb eindeutig auf trockenen Rieslingen. Das Große Gewächs aus dem Morstein wurde erstmals 2002 erzeugt und seither in jedem Jahr. Wies der Wein früher auch einmal 13,5 Volumenprozent Alkohol auf, so sind heute 12,5 Prozent die Regel geworden, er ist in seiner Jugend verschlossen, auf Haltbarkeit vinifiziert.

GEMEINDE 🍷 WESTHOFEN

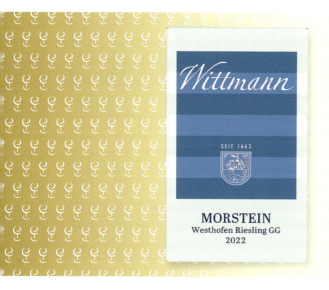

Morstein
Riesling „GG"
Weingut Wittmann

Der Morstein liegt nordwestlich von Westhofen, ganz im Westen der Westhofener Gemarkung. Die Lage wurde urkundlich erstmals 1282 unter dem Namen „in loco marstein" erwähnt. In der oberen Schicht finden sich Tonmergelböden mit Kalksteineinlagerungen, darunter massive, wasserführender Kalksteinfelsschichten, die auch bei längeren Trockenphasen für eine optimale Nähr- und Mineralstoffversorgung sorgen. Die 1971 auf 151 Hektar erweiterte Lage ist süd-exponiert, die Reben wachsen in 150 bis 240 Meter Höhe, die Hangneigung beträgt 20 bis 25 Prozent.

Bereits Mitte der achtziger Jahre begann Günter Wittmann, der Vater von Philipp Wittmann, mit der Umstellung auf biologischen Weinbau, heute werden alle Weinberge biodynamisch bewirtschaftet. Der Wein wird mit den natürlichen Hefen im traditionellen Holzfass ausgebaut. Philipp Wittmann gehörte zu den Ersten, die sich in Deutschland für eine Lagenklassifikation einsetzten, und sein Riesling aus dem Morstein gehörte zu den ersten Weinen, die Ende der neunziger Jahre als Große Gewächse präsentiert wurden.

GEMEINDE 🍾 WESTHOFEN

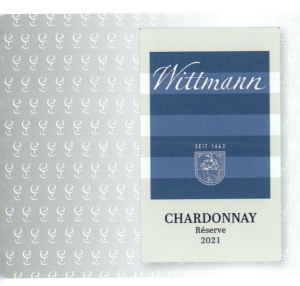

Chardonnay
Réserve
Weingut Wittmann

RHEINHESSEN

Philipp Wittmann besitzt beträchtlichen Weinbergsbesitz in allen großen Lagen Westhofens, im Morstein und im Brunnenhäuschen, in der Aulerde und im Kirchspiel, die alle vier vom VDP als Große Lagen klassifiziert sind. Aber er ist auch in der Steingrube vertreten, die zwischen Morstein und Brunnenhäuschen im Westen und Aulerde im Osten liegt, und wohl nur deshalb nicht ebenfalls als Große Lage klassifiziert wurde, weil es schon vier andere Große Lagen gab. Deshalb ist die Steingrube als Erste Lage klassifiziert, aus ihr wird Wittmann zukünftig verstärkt seine Burgunder erzeugen. Der Top-Chardonnay von Philipp Wittmann stammt aus den Filetstücken aller Westhofener Spitzenlagen, alle Weinberge werden bereits seit den achtziger Jahren biologisch bewirtschaftet. Er wird mit den natürlichen Hefen vergoren und fünfzehn Monate teils im traditionellen Halbstück, teils im Barrique ausgebaut. Schon in den neunziger Jahren gab es barriqueausgebauten Chardonnay im Programm, der von 2000 bis 2013 den Zusatz S trug und seit dem Jahrgang 2014 als Réserve bezeichnet wird.

GEMEINDE ⌁ WESTHOFEN

„G-Max"
Riesling trocken
Weingut Klaus Keller

Der G-Max stammt aus Westhofen, das ist die einzige Information, die das Weingut Keller preisgibt, alles Weitere bleibt geheimnisvoll und mysteriös, und vielleicht hat das ja zum Erfolg des Weines beigetragen. Natürlich lässt sich die Herkunft näher eingrenzen, denn die ersten Jahrgänge waren noch von einer ausgeprägten Frucht geprägt, die in Westhofen nur in den Lagen Morstein und im benachbarten Brunnenhäuschen zu finden ist. Obwohl das Weingut eine sehr große Fläche im unteren Teil des Brunnenhäuschens besitzt, wird man nicht falsch liegen, wenn man auf alte Reben im Morstein setzt. Denn in den ersten Jahren war der G-Max aromatisch dem Morstein-Riesling von Keller am ähnlichsten. In den letzten Jahrgängen trat die Frucht immer mehr in den Hintergrund, der G-Max setzt heute ganz auf Struktur. Seit dem Jahrgang 2016 werden die Trauben zu 100 Prozent auf einer Korbpresse gekeltert, sehr langsam. Der G-Max wurde erstmals im Jahrgang 2000 als trockene Spätlese erzeugt, ab dem Jahrgang 2001 wurde auf den Zusatz Spätlese verzichtet.

Württemberg

Württemberg ist der Fläche nach das viertgrößte deutsche Weinbaugebiet. Hier werden drei Viertel der Ernte über Genossenschaften vermarktet. Neben der Ahr ist Württemberg das einzige deutsche Anbaugebiet, in dem mehr rote als weiße Trauben angebaut werden.

Vor allem mit ihren Rotweinen haben Württemberger Winzer in den vergangenen Jahren für Furore gesorgt. Mit Spätburgunder und Lemberger – international und auch in anderen deutschen Anbaugebieten meist Blaufränkisch genannt – sowie mit Cuvées. Bei den weißen Sorten dominiert Riesling, aber Württemberger Rieslinge haben es außerhalb Württembergs schwer. Nicht wegen ihrer Qualität, sondern vor allem deshalb, weil sie nicht dem von Rhein und Mosel geprägten Geschmacksbild entsprechen.

Weine von fünf verschiedenen Rebsorten haben ausreichend hohe Bewertungen erhalten um als Ikonenwein oder Grand Cru klassifiziert zu werden: 8 Lemberger, 5 Rieslinge, 3 Spätburgunder und jeweils ein Weißburgunder und Chardonnay, also 11 Rotweine und 7 Weißweine, was in etwa auch dem prozentualen Anteil von weißen und roten Rebsorten in den Württemberger Weinbergen entspricht.

In der Kategorie der Ikonenweine finden sich ausschließlich Riesling und Spätburgunder – kein Lemberger, was vor allem daran liegt, dass Lemberger erst im letzten Jahrzehnt qualitativ stark zugelegt haben, heute deutlich eleganter und komplexer sind: Noch kein Lemberger, müsste man korrekterweise formulieren.

Das Gros der Weine stammt aus dem Remstal, wo durch die starke regionale Konkurrenz die Spitzenbetriebe sich immer weiter zu neuen Höchstleistungen antreiben. Die Weine, die nicht aus dem Remstal kommen, stammen von nur zwei Winzern, Christian Dautel in Bönnigheim und Rainer Wachtstetter in Pfaffenhofen. Eine Reihe von Weinen, die bei unseren Verkostungen in den letzten Jahren Spitzenbewertungen erhalten haben, werden hier nicht vorgestellt, weil sie schlicht an einem der Auswahlkriterien scheitern: Es gibt noch keine zehn Jahrgänge.

GEMEINDE ⌘ BÖNNIGHEIM

Steingrüben
Riesling „GG"
Weingut Dautel

Die Lage Steingrüben (früher, auch auf Etiketten, meist Steingrube genannt) liegt zwischen Bönnigheim und Cleebronn in 245 bis 285 Meter Höhe. Sie ist süd-exponiert, hat eine Steigung von 40 bis 45 Prozent (ist damit die steilste Lage in Bönnigheim), der Boden besteht aus Schilfsandstein. Johann Philipp Bronner hat in seinem Buch „Der Weinbau in Süddeutschland", Band 5, das 1837 erschienen ist, die Steingrube als beste Lage Bönnigheims bezeichnet (die damals größtenteils mit Trollinger bepflanzt war).
Seit 2002 wird der Top-Riesling des Weinguts als Großes Gewächs bezeichnet. Ursprünglich wurde die Lagenbezeichnung Bönnigheimer Sonnenberg genutzt, von 2011 bis 2013 wurde er als „Grübenstein" bezeichnet, seit 2014 trägt er den Namen der Gewanne Steingrüben. Der Wein wird im Holzfass spontanvergoren und neun Monate auf der Vollhefe ausgebaut. Er kommt erst Im zweiten Jahr nach der Ernte in den Verkauf, ist sehr eigenständig, zeigt rauchige Noten und reife Frucht im Bouquet, ist präzise im Mund, druckvoll und herrlich zupackend.

GEMEINDE 🍷 BÖNNIGHEIM

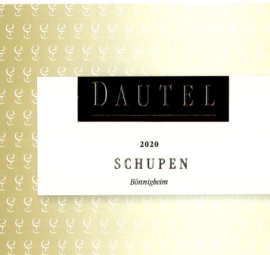

Schupen
Spätburgunder „GG"
Weingut Dautel

Die Lage Schupen liegt südwestlich von Bönnigheim, wurde 1971 mit den anderen Bönnigheimer Lagen zur Lage Sonnenberg zusammengefasst. Der bis zu 40 Grad steile Schupen ist süd- bis südost-exponiert, der Boden besteht aus kalkhaltigem Gipskeuper und Kalksteinverwitterungsboden. Schupen ist die kalkhaltigste Lage des Weinguts, das hier seit den siebziger Jahren Spätburgunder anbaut. Heute stehen in der Lage verschiedene Spätburgunder-Klone, die Reben werden biologisch bewirtschaftet.

Bis 2008 wurde der Top-Spätburgunder als Spätburgunder S bezeichnet, zuvor auch als S mit 4 Sternen. Seit 2009 trug er die Lagenbezeichnung Bönnigheimer Sonnenberg, von 2011 bis 2013 mit dem Zusatz „Kalkschupen", seit 2014 trägt er den Gewannnamen Schupen. Nach langer Maischegärung im Holzcuve wird er in teils neuen Barriques spontanvergoren, nach einem Jahr kommt er für weitere zehn Monate ins große Holzfass. Stilistisch hat Christian Dautel den Wein in den letzten Jahren in Richtung Eleganz und Frische weiterentwickelt.

WÜRTTEMBERG

GEMEINDE · BÖNNIGHEIM

WÜRTTEMBERG

„S"
Weißburgunder
Weingut Dautel

Die beiden weißen Spitzen-Burgunder des Weingutes Dautel trugen lange Zeit nur die Zusatzbezeichnung „S". Während Christian Dautel dies beim Chardonnay mit dem Jahrgang 2021 geändert hat und nun Lagennamen nutzt, ist er beim Weißburgunder bei der Bezeichnung „S" geblieben, da der Wein Partien aus verschiedenen ehemaligen Bönnigheimer Einzellagen enthält. Der Boden in Bönnigheim besteht überwiegend aus Gipskeuper, teils mit Kalksteinverwitterung. Die Weinberge werden biologisch bewirtschaftet. Der Weißburgunder S wird mit den natürlichen Hefen vergoren und seit einigen Jahren ein Jahr auf der Vollhefe in gebrauchten 300 Liter-Eichenholzfässern ausgebaut, er durchläuft die malolaktische Gärung. Christian Dautel hat in den letzten Jahren den Ausbau auf der Vollhefe ausgedehnt, so dass der Weißburgunder S seit dem Jahrgang 2019 erst im zweiten Jahr nach der Ernte in den Verkauf kommt. Er zeigt feine rauchige Noten, besitzt Fülle, Saft und Substanz, ist schon jung zugänglich, aber reift schön und gewinnt mit etwas Flaschenreife an Vielschichtigkeit.

GEMEINDE 🍷 CLEEBRONN

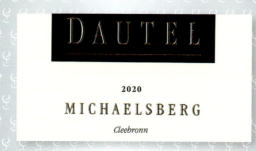

Michaelsberg
Lemberger „GG"
Weingut Dautel

WÜRTTEMBERG

Der 394 Meter hohe Michaelsberg ist das Wahrzeichen von Cleebronn und dem gesamten Zabergäu. 1971 wurden alle Weinberge von Cleebronn (und von benachbarten Gemeinden) zur Lage Michaelsberg zusammengefasst. Die gut 10 Hektar große Gewanne Michaelsberg liegt auf der Südseite des Michaelsberg an einem steilen, süd- bis südost-exponierten Hang, die Reben wachsen in 335 bis 385 Meter Höhe auf Buntem Mergel. Christian Dautel aus Bönnigheim erzeugt aus der Gewanne Michaelsberg einen Lemberger Großes Gewächs, die Weinberge werden biologisch bewirtschaftet. Nach langer Maischegärung im Holzcuve wird der Lemberger Michaelsberg in teils neuen Barriques spontanvergoren, nach einem Jahr kommt er für weitere zehn Monate ins große Holzfass. Bis 2009 wurde der Top-Lemberger des Weinguts Dautel als Lemberger S bezeichnet, zuvor auch als S und mit 4 Sternen versehen. Von 2010 bis 2013 wurde er als Großes Gewächs „St. Michaelsfeder" Michaelsberg bezeichnet. Seit 2014 trägt er den Namen Michaelsberg Cleebronn.

GEMEINDE — FELLBACH

WÜRTTEMBERG

Lämmler Riesling „GG"
Weingut Schnaitmann

Der Lämmler ist eine überwiegend süd-exponierte Lage am Fuße des Kappelberges mit unterschiedlich schweren und unterschiedlich kalkhaltigen Keuperböden. Der Name rührt wohl daher, dass die Lage lange Zeit im Besitz einer Familie namens Lämmle war. Der Riesling Großes Gewächs von Rainer Schnaitmann wächst in verschiedenen Gewannen des Lämmler, im Wetzstein, unten im Hang, aber auch im Hinteren Berg in den Gewannen Höld und Semerod. Der Boden besteht aus Gipskeuper, die Reben werden biologisch bewirtschaftet.

Der Lämmler-Riesling wird nach langsamer Ganztraubenpressung spontanvergoren und in alten Halbstückfässern 22 Monate auf der Vollhefe ausgebaut. Früher trug der Spitzenriesling von Rainer Schnaitmann die Bezeichnung Spätlese trocken, seit 2007 wird er als Großes Gewächs bezeichnet. Seit Schnaitmann ihn länger auf der Vollhefe ausbaut, hat er stetig an Klasse gewonnen, ist druckvoll, präzise, nachhaltig, profitiert von weiterer Flaschenreife.

GEMEINDE 🍷 FELLBACH

Lämmler
Spätburgunder „GG"
Weingut Heid

WÜRTTEMBERG

Der Lämmler ist eine überwiegend süd-exponierte, teils sehr steile Lage am Kappelberg mit unterschiedlich schweren und unterschiedlich kalkhaltigen verwitterten Keuperböden, auf Keuperschichten wie Schilfsandstein und Bunter Mergel. Die Reben wachsen in 302 bis 420 Meter Höhe. Der Name rührt wohl daher, dass die Originallage Lämmler lange Zeit im Besitz einer Familie namens Lämmle war. Die Originallage wurde 1971 um benachbarte Lagen am Kappelberg erweitert, umfasst heute 59 Hektar.
Markus Heid bewirtschaftet seine Weinberge bereits seit 2007 biologisch. Seit dem Jahrgang 2012, firmiert der Spitzen-Spätburgunder von Markus Heid als Großes Gewächs, das Weingut wurde 2013 in den VDP aufgenommen. Zuvor wurde der beste Spätburgunder des Weingutes mit drei Sternen gekennzeichnet – und oft stammte dieser Wein nicht aus dem Lämmler, sondern aus dem Goldberg. Der Lämmler-Spätburgunder bestach schon immer durch seine puristische, reintönige Art, ist in den letzten Jahrgängen immer komplexer, eleganter und faszinierend nachhaltig geworden.

GEMEINDE 🍷 FELLBACH

WÜRTTEMBERG

Lämmler Spätburgunder „GG"
Weingut Schnaitmann

Der Lämmler ist eine überwiegend süd-exponierte Lage am Kappelberg mit unterschiedlich schweren und unterschiedlich kalkhaltigen Keuperböden. Der Name rührt wohl daher, dass die Lage lange Zeit im Besitz einer Familie namens Lämmle war. Der Spätburgunder Großes Gewächs von Rainer Schnaitmann stammt von alten Reben und wächst auf den Keuperformationen des Bunten Mergel und Kieselsandstein in der Gewann Brenner in bis zu 400 Meter Höhe. Die Reben werden biologisch bewirtschaftet.

Der Wein wird maischevergoren, teils mit ganzen Trauben, spontanvergoren, achtzehn Monate in zur Hälfte neuen und zur Hälfte gebrauchten 300 Liter-Fässern ausgebaut und unfiltriert abgefüllt. Der Spitzen-Spätburgunder von Rainer Schnaitmann wurde von 2001 bis 2007 als Simonroth R bezeichnet, seit 2008 als Lämmler Großes Gewächs. Er setzt ganz auf Präzision und Frische, ist schlank und dabei druckvoll, lang und nachhaltig, zeigt eindringliche Fruchtnoten von roten und schwarzen Beeren, auch etwas Sauerkirschen und Johannisbeeren.

GEMEINDE 🍷 FELLBACH

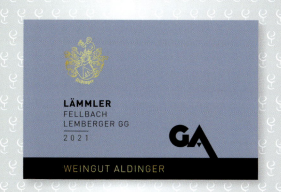

Lämmler
Lemberger „GG"
Weingut Aldinger

Der Lämmler ist eine überwiegend süd-exponierte, teils sehr steile Lage am Kappelberg mit unterschiedlich schweren und unterschiedlich kalkhaltigen verwitterten Keuperböden, auf Keuperschichten wie Schilfsandstein und Bunter Mergel. Die Reben wachsen in 302 bis 420 Meter Höhe. Der Name rührt wohl daher, dass die Originallage Lämmler lange Zeit im Besitz einer Familie namens Lämmle war. Die Originallage wurde 1971 um benachbarte Lagen am Kappelberg erweitert, umfasst heute 59 Hektar.

Das Große Gewächs wird lange in französischen Holzgärständern auf der Maische vergoren, mit etwa 60 Prozent ganzen Trauben, dann siebzehn Monate in zu 40 Prozent neuen Barriques ausgebaut. Bis zum Jahrgang 2006 wurde der Spitzen-Lemberger des Weinguts Aldinger mit drei Sternen gekennzeichnet, seit 2007 firmiert er als Großes Gewächs. Anders als beim Spätburgunder erzeugen die Aldingers nur einen Lemberger Großes Gewächs, einen konzentrierten, reintönigen Lemberger, der dezente Toastnoten aufweist, rote und dunkle Früchte, kraftvoll ist und gut reifen kann.

WÜRTTEMBERG

GEMEINDE 🍾 FELLBACH

Lämmler
Lemberger „GG"
Weingut Heid

Der Lämmler ist eine überwiegend süd-exponierte, teils sehr steile Lage am Kappelberg mit unterschiedlich schweren und unterschiedlich kalkhaltigen verwitterten Keuperböden, auf Keuperschichten wie Schilfsandstein und Bunter Mergel. Die Reben wachsen in 302 bis 420 Meter Höhe. Der Name rührt wohl daher, dass die Originallage Lämmler lange Zeit im Besitz einer Familie namens Lämmle war. Die Originallage wurde 1971 um benachbarte Lagen am Kappelberg erweitert, umfasst heute 59 Hektar.

Markus Heid bewirtschaftet seine Weinberge bereits seit 2007 biologisch. Seit dem Jahrgang 2012, firmiert der Spitzen-Lemberger von Markus Heid als Großes Gewächs, das Weingut wurde 2013 in den VDP aufgenommen. Zuvor wurde der beste Lemberger des Hauses mit drei Sternen gekennzeichnet, wobei dieser Lemberger bis 2008 aus dem Goldberg stammte. Obwohl der Wein komplett im Barrique ausgebaut wird, auch in neuen Fässern, ist das Holz niemals vordergründig, der Wein setzt auf Frucht und Harmonie, besitzt gute Struktur, Substanz und Länge.

GEMEINDE 🍷 FELLBACH

Lämmler
Lemberger „GG"
Weingut Schnaitmann

WÜRTTEMBERG

Der Lämmler ist eine überwiegend süd-exponierte Lage am Kappelberg mit unterschiedlich schweren und unterschiedlich kalkhaltigen Keuperböden. Der Name rührt wohl daher, dass die Lage lange Zeit im Besitz einer Familie namens Lämmle war. Der Lemberger von Rainer Schnaitmann steht auf rotem und grünem „Bunten Mergel", teilweise in der sehr steilen Gewanne Lippenberg, teilweise im Hinteren Berg, die Reben wachsen in bis zu 380 Meter Höhe; die Weinberge werden biologisch bewirtschaftet.

Der Lemberger Großes Gewächs wird mit 100 Prozent ganzen Trauben auf der Maische vergoren, die Gärung erfolgt mit den natürlichen Hefen, er wird achtzehn Monate in gebrauchten 300- und 500-Liter-Fässern ausgebaut und unfiltriert abgefüllt. Bis zum Jahrgang 2007 war der Simonroth genannte Wein der Spitzen-Lemberger von Rainer Schnaitmann, seit dem Jahrgang 2008 gibt es den Lemberger Großes Gewächs Lämmler. Der faszinierend reintönige Wein ist in den letzten Jahrgängen immer präziser und frischer geworden bei für Lemberger recht moderaten Alkoholwerten.

GEMEINDE 🍾 KLEINHEPPACH

Greiner
Lemberger
Weingut Klopfer

Kleinheppach liegt südwestlich vom Kleinheppacher Kopf und südöstlich von Korb, dessen Ortsteil es seit 1972 ist. Kleinheppach war seit jeher bekannt für seine Rotweine und da 1971 alle Weinberge mit roten Reben zur Lage Greiner zusammengefasst wurden, umfasst diese das Gros der Kleinheppacher Weinberge. Die eigentliche Lage Greiner liegt im mittleren Teil des südwest-exponierten Hanges am Kleinheppacher Kopf, die Lage Oberer Greiner im oberen Teil.

Die Reben wachsen auf Mergelstein, teilweise Ton- und Sandstein, in einer Höhe bis zu 437 Meter. Der Greiner-Lemberger von Christoph Klopfer stammt von den ältesten Lemberger-Reben des Weinguts unterhalb vom Kleinheppacher Kopf, der Boden in diesem Weinberg ist der Obere Bunte Mergel. Alle Weinberge von Klopfer werden biologisch bewirtschaftet. Der Wein wird nach vier Wochen Maischekontakt zwei Jahre im Holz ausgebaut. Der Greiner-Lemberger, vor 2011 ohne Lagenangabe als Barrique-Lemberger bezeichnet, hat sich zum Aushängeschild des Weingutes entwickelt.

GEMEINDE 🗝 KORB

Berg
Lemberger
Weingut Zimmerle

Der Korber Berg liegt unmittelbar nördlich von Korb am markanten, 457 Meter hohen Korber Kopf, der 1971 Namensgeber für die Großlage wurde, zu der alle Rotweinlagen im Remstal zusammengefasst wurden. Der Korber Berg ist eine teils süd-, teils west-exponierte Steillage, der Boden besteht aus Mergelstein und Ton; die Reben wachsen bis in über 400 Meter Höhe; der Lemberger von Jens Zimmerle wächst im süd-exponierten Teil. Alle Weinberge von Jens Zimmerle werden biologisch bewirtschaftet.

Der Lemberger Korber Berg wird nach Saftabzug drei bis vier Wochen auf der Maische vergoren, dann kommt er bis zu zwei Jahre ins Barrique, wobei Jens Zimmerle neben französischer Eiche auch schwäbische Eiche nutzt, den Neuholzanteil hat er in den letzten Jahren reduziert. Der Spitzen-Lemberger des Weinguts Zimmerle kam seit jeher aus der Steillage Korber Berg, und seit Jens Zimmerle die Regie übernommen hat, ist er Jahr für Jahr hervorragend, in den jüngsten Jahrgängen setzt er verstärkt auf Frucht, er ist kraftvoll, stoffig, komplex und lang.

WÜRTTEMBERG

GEMEINDE 🍾 PFAFFENHOFEN

Hohenberg
Lemberger „Junges Schwaben"
Weingut Wachtstetter

WÜRTTEMBERG

Pfaffenhofen, erstmals 1279 urkundlich erwähnt, liegt an der Zaber, im Zabergäu. 1971 wurden alle Lagen von Pfaffenhofen wie auch die der Nachbargemeinden Weiler (seit 1972 ein Ortsteil von Pfaffenhofen), Zaberfeld und Michelbach zur Lage Hohenberg zusammengefasst. Die besten Lemberger-Lagen von Rainer Wachtstetter befinden sich an südost- bis südwest-exponierten bis zu 60 Prozent steilen Hängen, die Reben wachsen in 220 bis 290 Meter Höhe. Der Boden besteht aus Schilfsandstein und Gipskeuper.

Der Lemberger Junges Schwaben wurde erstmals 2002 erzeugt und seither mit Ausnahme der Jahrgänge 2009 und 2010 (in denen die für den Junges Schwaben vorgesehenen Partien wohl als Großes Gewächs vermarktet wurden) in jedem Jahr. Der Wein wird etwa 25 Tage auf der Maische vergoren, dann 23 Monate im Barriques ausgebaut, wobei zu 30 Prozent neue Fässer genutzt werden. Auch wenn der Junges Schwaben-Lemberger „nur" als Erstes Gewächs bezeichnet wird, macht er dem Großen Gewächs aus dem Spitzenberg mächtig Konkurrenz, ist fruchtbetont, stoffig, druckvoll und komplex.

GEMEINDE PFAFFENHOFEN

Spitzenberg
Lemberger „GG"
Weingut Wachtstetter

WÜRTTEMBERG

Der knapp 5 Hektar große und bis zu 60 Prozent steile Spitzenberg ist der mittlere Teil des unmittelbar nördlich von Weiler an der Zaber (das zu Pfaffenhofen gehört) gelegenen süd-südwest-exponierten Hanges, der kalk- und mineralreiche Boden besteht aus grau-violettem Gipskeuper mit Anteilen von Schilfsandstein. Die Reben wachsen in einer Höhe von 215 bis 280 Meter. Der Spitzenberg wurde 2019 als kleinere geografische Einheit in die Lagenrolle eingetragen.

Mit der Aufnahme in den VDP hat Rainer Wachtstetter in den Jahrgängen 2009 und 2010 erstmals einen Lemberger Großes Gewächs erzeugt; von 2011 bis 2015 trug er den Namen Glaukós, seit dem Jahrgang 2016 den Namen der Gewanne Spitzenberg. Der Wein wird etwa 25 Tage auf der Maische vergoren, dann 22 Monate im Barrique ausgebaut, wobei zu 40 Prozent neue Fässer genutzt werden, er wird unfiltriert abgefüllt. Der Spitzenberg-Lemberger ist kraftvoll und stoffig, komplex und fruchtbetont, auch in warmen Jahrgängen besitzt er Frische und Struktur.

GEMEINDE 🍾 STETTEN

Berge Pulvermächer
Riesling „GG"
Weingut Beurer

WÜRTTEMBERG

Die Gewanne Berge liegt südlich von Stetten, wurde 1971 teilweise der Einzellage Mönchberg (die Weinberge, in denen rote Rebsorten angebaut wurden), teilweise der Einzellage Pulvermächer (die Weinberge, in denen weiße Rebsorten angebaut wurden) zugeschlagen. Das Weingut Beurer erzeugt aus dem oberen Teil der Lage einen Riesling Großes Gewächs. Der Boden im oberen Teil besteht aus Kieselsandstein; alle Weinberge von Jochen Beurer werden zertifiziert biologisch und biodynamisch bewirtschaftet.

Seit 2013 erzeugt Jochen Beurer ein Großes Gewächs aus dem Pulvermächer, seit 2015 trägt es den Namen der Gewanne Berge. Vor seiner Aufnahme in den VDP nutzte er die Trauben aus der Lage für den Riesling Junges Schwaben, der bis dahin sein Spitzen-Riesling war. Der Wein wird, je nach Jahrgang, nach bis zu zwei Wochen Maischestandzeit mit den natürlichen Hefen vergoren. Der Wein ist würzig, duftig, enorm eindringlich im Bouquet, füllig und oft recht kompakt im Mund bei guter Substanz.

GEMEINDE · STETTEN

Pulvermächer
Riesling „GG"
Weingut Karl Haidle

WÜRTTEMBERG

Zur Einzellage Stettener Pulvermächer wurde 1971 ein Teil der Weinberge östlich von Stetten zusammengefasst, die damals mit weißen Rebsorten bepflanzt waren und sich überwiegend im mittleren Teil des Hanges befanden, darunter die namensgebende Gewanne Pulvermächer. Das Große Gewächs von Moritz Haidle stammt aus dem Original-Pulvermächer. Die Reben wachsen in 330 bis 360 Meter Höhe, an einem steilen süd-südwest-exponierten Hang, der Boden besteht aus Buntem Mergel und Keuperverwitterung mit Schilf- und Kieselsandstein.
Die Weinberge werden seit der Übernahme des Betriebes durch Moritz Haidle zertifiziert biologisch und biodynamisch bewirtschaftet. Den Riesling Pulvermächer Großes Gewächs gibt es bereits seit 2002, der Pulvermächer war seit jeher die Paradelage des Weingutes. Der Wein wird nach schonender Ganztraubenpressung mit den natürlichen Hefen im traditionellen alten Holzfass vergoren, in dem er ein Jahr auf der Feinhefe bleibt; seit dem Jahrgang 2019 kommt er erst im zweiten Jahr nach der Ernte in den Verkauf.

GEMEINDE 🍾 UHLBACH

Götzenberg
Riesling „GG"
Weingut Schnaitmann

Die Lage Uhlbacher Götzenberg wurde 1971 auf alle Uhlbacher Weinberge ausgedehnt, auch auf die ehemalige Lage Steingrube, die nicht am eigentlichen Götzenberg liegt und seit jeher als eine der besten Lagen in Uhlbach galt. Dieser Teil des Götzenbergs ist überwiegend süd-exponiert, hat eine Neigung von 45 Prozent, die Reben wachsen in 300 bis 360 Meter Höhe auf Schilfsandstein. Die Lage ist windoffen, so dass die Trauben recht lange reifen können. Die Weinberge Rainer Schnaitmanns werden zertifiziert biologisch bewirtschaftet.

Nach langer Ganztraubenpressung wird der Most im alten Halbstückfass mit den natürlichen Hefen vergoren, er bleibt achtzehn Monate auf der Hefe. Das Große Gewächs aus dem Götzenberg wurde erstmals im Jahrgang 2007 erzeugt. Anfangs kam der Wein im Jahr nach der Ernte in den Verkauf, dann hat Rainer Schnaitmann den Ausbau im Fass verlängert, so dass der Götzenberg-Riesling seit dem Jahrgang 2015 erst im zweiten Jahr nach der Ernte auf den Markt kommt.

GEMEINDE 🍾 UNTERTÜRKHEIM

Gips
Chardonnay „1G"
Weingut Aldinger

Die Einzellage Untertürkheimer Gips liegt unmittelbar nördlich von Untertürkheim, der östliche, etwas größere Teil der Einzellage liegt auf Fellbacher Gemarkung. Die Reben wachsen in 240 bis 320 Meter auf Gipskeuperböden, die Weinberge sind süd- bis südwest-exponiert. Die Lage befindet sich im Besitz des Fellbacher Weingutes Aldinger, das seit 1974 hier Wein anbaut und das aus der Lage Große Gewächse unter dem Namen Marienglas erzeugt. Da die Rebsorte Chardonnay (bisher) in Württemberg nicht für Große Gewächse zugelassen ist, wird der Wein als Erste Lage-Chardonnay bezeichnet.
Der Chardonnay wird spontanvergoren und in französischen Eichenholzfässern ausgebaut, zu 80 Prozent in Tonneaux, zu 20 Prozent in Barriques, er wird im Holz auf der Hefe ausgebaut, im März des zweiten auf die Ernte folgenden Jahres abgefüllt. Der Wein wurde 2013 als Chardonnay „Große Reserve" erzeugt, im Jahr darauf als „Reserve", seit dem Jahrgang 2019 wird er als Erste Lage-Wein mit dem Lagennamen Untertürkheimer Gips angeboten.

Impressum

Redaktion:
Jutta Eichelmann

Umschlaggestaltung: www.ultrabold.com
Herstellung, Satz: Mondo Heidelberg
Druck: impress GmbH, Mönchengladbach

Anschrift des Verlages:
Mondo Heidelberg
Bachstraße 27
69121 Heidelberg
info@mondo-heidelberg.de

© 2025 Mondo Heidelberg
Alle Rechte vorbehalten

ISBN 9783938839560